T0107759

KING VIDOR

DANS LA MÊME COLLECTION

Éric Dufour, *David Lynch : matière, temps et image*, 2008

Laurent Jullier et Jean-Marc Leveratto, *La leçon de vie dans le cinéma hollywoodien*, 2008

Jean-Jacques Marimbert (dir.), *Analyse d'une œuvre : La mort aux trousses (A. Hitchcock, 1959)*, 2008

Pierre Montebello, *Deleuze, philosophie et cinéma*, 2008

Emmanuel Barot, *Camera politica. Dialectique du réalisme dans le cinéma politique et militant*, 2009

Noël Burch et Geneviève Sellier, *Le cinéma au prisme des rapports de sexe*, 2009

Éric Dufour et Laurent Jullier, *Analyse d'une œuvre : Casque d'or (J. Becker, 1952)*, 2009

Guy-Claude Marie, *Guy Debord : de son cinéma en son art et en son temps*, 2009

Jean-Jacques Marimbert (dir.), *Analyse d'une œuvre : L'homme à la caméra (D. Vertov, 1929)*, 2009

Julien Servois, *Le cinéma pornographique*, 2009

Sébastien Denis, *Analyse d'une œuvre : Tous les matins du monde (A. Corneau, 1991)*, 2010

Barbara Laborde et Julien Servois, *Analyse d'une œuvre : Le cercle rouge (J.-P. Melville, 1970)*, 2010

Clélia Zernik, *Perception-cinéma. Les enjeux stylistiques d'un dispositif*, 2010

Martin Barnier et Pierre Beylot, *Analyse d'une œuvre : Conte d'été (É. Rohmer, 1996)*, 2011

Hugo Clémot, *Les jeux philosophiques de la trilogie* Matrix, 2011

Adrienne Boutang et Célia Sauvage, *Les teen movies*, 2011

Sébastien Denis, *Analyse d'une œuvre : Les Ailes du désir (W. Wenders, 1987)*, 2012

Frank Pierobon, *Le symptôme* Avatar, 2012

Jean-Marc Leveratto, *Analyse d'une œuvre : To be or not to be (E. Lubitsch, 1949)*, 2012

Jacques Aumont, *Que reste-t-il du cinéma ?*, 2012

Franck Fischbach, *La critique sociale au cinéma*, 2012

Célia Sauvage, *Critiquer Quentin Tarantino est-il raisonnable?*, 2013

Luc Vancheri, *Psycho. La leçon d'iconologie d'Alfred Hitchcock*, 2013

Martin Lefebvre, *Truffaut et ses doubles*, 2013

Éric Dufour, *Qu'est-ce que le mal, Monsieur Haneke ?*, 2014

François Jost, *Sous le cinéma, la communication*, 2014

Rémy Sanvoisin, *Kubrick et la musique*, 2014

Alain Kleinberger et Jacqueline Nacache, *Analyse d'une œuvre : La Reine Margot (P. Chéreau, 1994)*, 2014

Jacques Aumont, *Montage. « La seule invention du cinéma »*, 2015

Jean-Loup Bourget et Françoise Zamour, *King Vidor*, 2016

PHILOSOPHIE ET CINÉMA

Directeur : Éric Dufour
Comité éditorial : Laurent Jullier et Julien Servois

Jean-Loup BOURGET
Françoise ZAMOUR

KING VIDOR

PARIS
LIBRAIRIE PHILOSOPHIQUE J. VRIN
6 place de la Sorbonne, V ͤ
2016

© *Librairie Philosophique J. VRIN*, 2016
ISSN 1962-6967
ISBN 978-2-7116-2655-7
www.vrin.fr

SOMMAIRE

INTRODUCTION

Ce livre est issu d'un séminaire que nous avons animé ensemble à l'École normale supérieure (Ulm) en 2013. L'ampleur du matériau et l'indisponibilité d'une bonne partie de l'œuvre muette interdisaient une présentation chronologique exhaustive comme celle de Raymond Durgnat et Scott Simmon dans leur *King Vidor, American*, auquel nous souhaitons rendre hommage. Nous avons donc choisi de privilégier quelques-unes des *problématiques* fondamentales de l'œuvre et les films les plus connus, dont la plupart sont facilement disponibles en DVD.

Le premier chapitre met l'accent sur la problématique qui nous paraît essentielle, celle d'un *auteur américain à Hollywood* qui s'efforce de construire et de maintenir ce statut unique des années 20 aux années 50, en s'appuyant à la fois sur quelques grands succès au *box office*, sur sa reconnaissance critique (notamment en Europe) et sur ses nombreux écrits et déclarations, qui affirment avec force sa conception de l'auteur de films.

Le chapitre II aborde ce que Vidor considérait comme le cœur de son œuvre, la « trilogie » consacrée à la guerre (*La Grande Parade*), au blé (*Notre pain quotidien*) et à l'acier (*Romance américaine*). Le chapitre III examine le rapport entre l'individu et la foule ou la masse, rapport dépeint de manière contrastée dans *La Foule* et dans *Le Rebelle*. Le chapitre IV traite du mélodrame, principalement dans *Stella Dallas* et *La Garce*; le chapitre V, de la peinture de l'ethnicité et de la sexualité, principalement dans *Hallelujah* et dans *Duel au soleil*. Conclusif et général, le chapitre VI décrit la « tentation de l'autoportrait », à laquelle Vidor cède surtout dans les films tardifs, *Guerre et paix* et *Salomon et la reine de Saba*.

Si nous n'avons négligé aucun film important (*Le Grand Passage* est évoqué dans les chapitres III, V et VI, *La Furie du désir* dans les chapitres IV et V, *L'Homme qui n'a pas d'étoile* dans le chapitre IV), nous avons aussi réintégré dans le corpus vidorien des films qui nous semblent injustement méconnus, comme *Street Scene*, *La Citadelle* et *H.M. Pulham, Esq.* (chapitre III) ou *L'Oiseau de paradis* (chapitre V).

Nous remercions Éric Dufour et Laurent Jullier de nous avoir accueillis dans leur collection « Philosophie et cinéma ». Notre reconnaissance va aussi à l'Institut Remarque de l'Université de New York et à Katherine Fleming et Gilles Pécout ; au Film Study Center du Museum of Modern Art à New York et à Charles Silver ; à la revue *Critique*, qui publia une première approche de « King Vidor, un auteur à Hollywood » dans son numéro spécial 795-796 Cinélittérature (août-septembre 2013, sous la direction de Marc Cerisuelo et Patrizia Lombardo) ; à Tag Gallagher.

Ce travail a été réalisé avec le soutien du laboratoire d'excellence TransferS (programme Investissements d'avenir ANR-10-IDEX-0001-02 PSL* et ANR-10-LABX-0099).

UN AUTEUR À HOLLYWOOD

La longue carrière de King Vidor s'étend de 1913, date de ses premiers essais cinématographiques, à sa mort en 1982. Carrière essentiellement mais non exclusivement hollywoodienne, avec pas moins de cinquante-six longs métrages, de *The Turn in the Road* (1919), film aujourd'hui considéré comme perdu, à *Salomon et la reine de Saba* (1959), qui couvrent la totalité de la période « classique », de sa naissance à son déclin. De cet ensemble ressortent quelques titres connus, sinon familiers, pour des raisons diverses : *La Grande Parade, La Foule, Hallelujah, Notre pain quotidien, Stella Dallas, Le Grand Passage, Romance américaine, Duel au soleil, Le Rebelle, La Furie du désir, L'Homme qui n'a pas d'étoile, Guerre et paix*… Au fil de ces quarante années, et depuis, la réputation de Vidor, son statut dans le panthéon des historiens et des cinéphiles, ont connu bien des fluctuations.

Ce sont deux films muets, *La Grande Parade* (1925), qui raconte l'expérience d'un soldat américain en France pendant la Première Guerre mondiale, puis *La Foule* (1928), portrait d'un héros encore plus « ordinaire » face au chômage et à un mariage en crise, qui établissent la réputation internationale de Vidor et font de lui un auteur (de films) à succès. Dans son autobiographie, *A Tree Is a*

Tree, Vidor explique comment, las de tourner des films
« éphémères », il avait proposé à Irving Thalberg, patron
de la MGM, de traiter l'un ou l'autre de trois « grands
sujets », la guerre, le blé, l'acier : le choix du producteur
se porta sur la guerre, et ce fut *La Grande Parade*, à laquelle
devaient succéder *Notre pain quotidien* et *Romance
américaine*. Vidor revendique clairement la paternité de
cette trilogie, dont il est l'« auteur » : tout y est, sauf le
nom. C'est lui qui en a conçu les thèmes, des thèmes très
généraux, nullement anecdotiques (rien à voir avec le futur
pitch hollywoodien), et pourtant très concrets, puisqu'ils
affectent la vie matérielle et spirituelle de ses contemporains ;
c'est lui qui en a développé les sujets, choisi les interprètes,
assuré la mise en scène et le montage.

Vidor est alors considéré comme un cas presque unique
à Hollywood, celui d'un « auteur » américain et non
« importé » d'Europe, comme le sont à des titres divers
Chaplin, Stroheim, Murnau ou Lubitsch. Ce statut singulier
est lié aux « grands sujets » traités par Vidor, mais aussi
au sentiment qu'à l'instar des cinéastes européens (Lubitsch
encore, ou Hitchcock), il maîtrise parfaitement cette forme
visuelle spécifique qu'est le cinéma muet, et il est forcément
menacé par la mutation que l'avènement du parlant fait
subir aux formes, aux genres, au style cinématographiques.
Le paradoxe qui veut que la réputation internationale de
l'« auteur » Vidor culmine avec *Hallelujah* (1929), son
premier film parlant, n'est qu'apparent, à la fois parce que
Vidor, notamment dans *La Grande Parade*, a mis l'accent
sur la dimension *rythmique* du cinéma, ce qu'il appelle sa
« musique muette » (*silent music*), et parce que la musique
et les chants noirs jouent un tel rôle dans *Hallelujah* que
le film, d'ailleurs entièrement postsynchronisé, apparaît
bien davantage comme un « drame musical », voire un

opéra, que comme une œuvre réaliste qui serait parsemée de quelques ornements de « couleur locale » sonore ou musicale. Ce caractère opératique rattache évidemment *Hallelujah* à l'opéra de Gershwin *Porgy and Bess*, lui aussi nourri de musique noire, qui le suit de quelques années (1935), mais aussi, plus secrètement, à *La Bohème* de Vidor (1926) : il paraît difficile d'imaginer que ce film muet, très belle et soigneuse adaptation des *Scènes de la vie de Bohème* d'Henri Murger, avec l'interprétation sublimement pathétique de Mimi par Lillian Gish, n'ait pas été accompagné dans les meilleurs *movie theaters* par des airs empruntés à *La Bohème* de Puccini.

Menacé par le parlant et par l'hégémonisme de la MGM, le plus puissant des studios, qui a produit ses principaux films, Vidor s'efforce, au prix d'une alternance de conflits et de compromis, de maintenir tant son statut d'« auteur » que la ligne directrice de ses projets personnels. Cette ambition se manifeste dans l'opiniâtreté avec laquelle le cinéaste mène à bien la trilogie de « la guerre, le blé et l'acier » : après *La Grande Parade*, le deuxième volet, *Notre pain quotidien* (1934) voit le jour grâce à une production indépendante, et la trilogie s'achève dix ans plus tard avec *Romance américaine* (1944), production MGM au terme de laquelle Vidor, mécontent du remontage effectué dans son dos par le studio, rompt définitivement avec celui-ci.

UNE ŒUVRE DANS LE TEMPS

Vers la même époque commence à se révéler un « nouveau » Vidor, le chantre non plus de l'homme ordinaire (du *common man*) et des entreprises collectives, mais des individualités d'exception en butte à la coalition des médiocres, des destins héroïques ou tragiques, eux aussi d'exception ; ce n'est plus le cinéaste de la sagesse et de l'acceptation du monde tel qu'il est, mais celui de l'excès et du « raptus », pour reprendre le mot de Luc Moullet. À la « mesure » rythmée des années vingt succède la démesure de *Duel au soleil* (1946), du *Rebelle* (1949), de *La Furie du désir* (*Ruby Gentry*, 1952).

Le passage d'une période à l'autre n'est pas aussi abrupt que le laisse entendre ce résumé. Les échos entre les œuvres individuelles sont multiples ; c'est ainsi que la démesure de *Hallelujah* et du *Grand Passage* préfigure celle de *Ruby Gentry*, tandis que *Guerre et paix*, la dernière « grande œuvre » hollywoodienne, revient, par delà les élans fougueux du désir amoureux et de l'ambition conquérante, au thème de l'apaisement et de la soumission de l'individu non seulement au cycle long de l'Histoire, mais à celui encore plus lent et majestueux de la nature. Il n'en reste pas moins que, de 1953, date de la publication de son autobiographie *A Tree Is a Tree*, à sa mort en 1982, Vidor s'efforce de maintenir ou mieux de conforter son statut d'« auteur », entreprise complexe. Tout en rappelant le socle constitué par les chefs-d'œuvre de la période muette et du début des années trente, Vidor s'efforce de montrer qu'il n'a pas cessé d'innover, fût-ce de manière moins spectaculaire, qu'il ait jugé nécessaire de devenir peintre lorsqu'il utilise pour la première fois la couleur (dans *Le Grand Passage*), qu'il tourne un film entier (*H.M. Pulham, Esq.*) en caméra essentiellement subjective, sans pourtant utiliser un procédé aussi voyant que celui de Robert Montgomery dans *La Dame du lac*, ou encore qu'il règle dans *Guerre et paix* des batailles dont la chorégraphie complexe et tumultueuse contraste avec celles de *La Grande Parade* comme une symphonie de Tchaïkovski avec une sonate de Scarlatti. En même temps, si le cercle des admirateurs de Vidor se réduit, il tend lui aussi, notamment aux *Cahiers du Cinéma* des années cinquante, avec Luc Moullet, Michel Delahaye, Bertrand Tavernier, puis chez d'autres critiques français ou américains, à mettre l'accent de préférence sur plusieurs œuvres de la dernière période hollywoodienne. *Le Rebelle, Duel au soleil, Ruby Gentry* (en couverture du livre de Robert Lang sur les mélodrames de Griffith, Vidor et Minnelli) tendent à supplanter *La Grande Parade, La Foule* et *Hallelujah.*

VIDOR AUTEUR : UNE RECONNAISSANCE VENUE D'EUROPE

Un coup d'œil à la réception de Vidor montre un décalage qui n'a rien d'inhabituel entre succès public et succès critique. Ainsi, dès 1935, Robert Brasillach rappelle certes le « succès triomphal » rencontré par *La Grande Parade* et par *La Foule*, mais assortit ce constat de nombreuses et sérieuses réserves : Vidor est aussi le réalisateur « d'une foule de films obscurs » ; *La Grande Parade*, fruit « d'heureuses spéculations » misant sur le succès d'un film de guerre, « est une œuvre assez insupportable », et seule la première partie de *La Foule*, qui relate la rencontre « de deux jeunes gens de milieu modeste qui s'aiment et se marient », trouve grâce aux yeux du critique : « la suite, opposant à la foule l'homme isolé, faisait preuve d'un esprit singulièrement primaire et ennuyeux », et « on ne pouvait guère deviner qu'un jour prochain King Vidor donnerait le chef-d'œuvre du cinéma parlant », à savoir *Hallelujah.* L'anti-américanisme étant la chose du monde la mieux partagée, Léon Moussinac, critique d'obédience communiste, s'en prend à *La Grande Parade* avec violence, utilisant les mêmes arguments et les mêmes termes que le fasciste Brasillach : « *La Grande*

Parade, malgré les imitations et les contrefaçons qui l'ont suivie, reste le type du film de guerre, et le type du film américain. » Le sujet en est « insupportablement faux, vulgaire, artificiel », tandis que « la forme, malgré quelques habiletés, ne tient pas à un examen attentif ». En conclusion, « on conviendra qu'il reste peu de chose d'une œuvre qualifiée *"le plus grand film américain de l'année"* » et « nous dirons donc que *La Grande Parade*, c'est au-delà du sujet même, le prototype du film américain fait pour rapporter beaucoup d'argent. C'est tout. » (*Panoramique du cinéma*, 1929).

C'est avec *Hallelujah* que la réputation critique de Vidor est au zénith. Brasillach s'enthousiasme comme il ne le fait pour aucun ouvrage antérieur ou ultérieur du cinéaste : « richesse », « maîtrise immédiate », « perfection plastique » des corps noirs, « perfection rythmique » des chants nègres (précisons au passage que l'adjectif est alors couramment usité, sans nuance péjorative, notamment dans l'expression « art nègre »), « extraordinaire émotion » qui atteint « une sorte d'extase barbare ». « Chef-d'œuvre, une des quatre ou cinq œuvres les plus importantes de l'écran », *Hallelujah* permet de « croire au film sonore et parlant » grâce à « la découverte essentielle de King Vidor » : « pour la première fois, le silence [a] une valeur d'émotion ».

Vidor est fêté avec éclat par *La Revue du cinéma*, ancêtre des *Cahiers du cinéma*. Une photo d'*Hallelujah* figure en couverture du numéro de juin 1930, qui consacre 44 pages à Vidor en général et à *Hallelujah* en particulier. L'article le plus fouillé est signé par le futur metteur en scène Roger Blin. Il rappelle que les premiers films de Vidor, avec leurs « détails de vie dont la chair semblait échapper à toute transposition visuelle » et leur humour

« de la première fois », ont fait dire de lui que c'était « Mark Twain écrivant avec une caméra » (Mark Twain était en effet une des références explicites du cinéaste à l'époque [1920-1921] où il disposa brièvement de son propre studio, Vidor Village), mais qu'avec *La Grande Parade*, *La Foule* et *Hallelujah*, on s'était aperçu « qu'il portait en lui un monde ». Blin poursuit en comparant Vidor à Stroheim et Sternberg, qui eux aussi « portent un monde » ; mais celui de Vidor n'est pas stylisé, « c'est une surenchère de concret ». À propos de *La Foule*, Blin assure que « pour la découverte du mystère humain, Charlot et les Russes sont des petits garçons à côté de King Vidor » et conclut sur *Hallelujah*, « une de ces œuvres capables de faire changer de vie et qu'il est impossible de laisser sur le terrain de l'Art ». La section consacrée à *Hallelujah* s'ouvre sur un diptyque contrasté, le texte de Michel Leiris, « Saints Noirs », qui célèbre dans le film un paroxysme de sainteté incestueuse, de frénésie érotique et rituelle, s'opposant à la seule voix discordante du surréaliste Jacques B. Brunius, pour qui ce que tous appellent alors le « film nègre » n'est que le masque d'un abject « film chrétien ». Suivent enfin les témoignages d'une brochette d'intellectuels qui disent tous, plus ou moins longuement, leur enthousiasme pour *Hallelujah* : Jean Cassou, Louis Chavance, Drieu La Rochelle, André Gide, André Maurois, Darius Milhaud, Georges Ribemont-Dessaignes.

UN AUTEUR ABONDANT ET PROLIXE

Entre autres mérites, Blin a celui de citer les titres de plusieurs œuvres muettes méconnues ou moins connues de Vidor. Parmi cette vingtaine de films, un bon nombre est considéré comme perdu ou difficile d'accès, mais deux au moins de ceux qui subsistent méritent d'être découverts et prouvent sans contestation possible que *La Grande Parade* n'est pas sortie tout armée du cerveau de Vidor. En 1921, *Love Never Dies*, écrit, réalisé et produit par Vidor pour Thomas Ince, est un mélodrame à la fois familier et flamboyant, avec un scénario certes peu original dans son recours aux secrets de famille, aux coïncidences et aux malentendus, mais aussi des séquences spectaculaires qui pastichent habilement *À travers l'orage* de Griffith (une course-poursuite à travers des rapides) ou invitent la comparaison avec DeMille (des pluies torrentielles effondrent un viaduc sur lequel passe un train); mais les scènes les plus touchantes sont celles où Vidor dirige, avec un lyrisme digne de Blake, des enfants sauvages aussi innocents que sagaces.

Plus remarquable encore, et plus personnel, *The Jack-Knife Man*, titre cité par Blin, qui date de 1920. Encore un mélodrame, assurément, que cette histoire d'orphelin abandonné dans la tempête, recueilli par un vieil original qui vit dans une sorte de maison-radeau amarrée au bord du Mississippi, dans l'Iowa; un autre vagabond s'empare brièvement du bateau, qui dérive au fil du fleuve, dans une série de scènes tour à tour nonchalantes, lyriques ou burlesques qui évoquent irrésistiblement les *Aventures de Huckleberry Finn* de Mark Twain et préfigurent même, dans un registre moins sombre, *La Nuit du chasseur* de Charles Laughton. Sur cette arche miniature, peuplée des animaux que sculpte l'« homme au couteau » du titre, talentueux artiste brut, l'orphelin apparaît comme un jeune Noé, dont un homme de loi, son père biologique et son père adoptif se disputent la garde; le vieil homme et l'enfant trouvé s'apprivoisent et s'éduquent mutuellement, selon un processus de réciprocité digne des plus beaux films de

Borzage, et le récit se clôt sur le *happy ending* d'une improbable et pittoresque famille recomposée.

Permise par le succès public et critique des films, la construction de l'auteur se fonde aussi sur ses propres déclarations, dans lesquelles il revendique la paternité des sujets qu'il a choisi de traiter, se présente comme le seul ou le principal responsable artistique de ses films, expose le cas échéant sa théorie du cinéma et souligne combien elle contraste avec la pratique hollywoodienne. À cet égard, l'autobiographie de Vidor, *A Tree Is a Tree*, constitue une pièce maîtresse ainsi qu'un document de valeur inestimable, à la fois par ses qualités propres et par sa date (1953), soit vingt ou vingt-cinq ans après ses succès « historiques », mais aussi près de vingt ans avant la vogue des autobiographies écrites (ou du moins signées) par les cinéastes et des entretiens approfondis avec eux, exercice auquel Vidor se soumettra à son tour en répondant aux questions de Nancy Dowd et de David Shepard (*King Vidor*, The Directors Guild of America oral history series n° 4, 1988).

Si le regard est rétrospectif, la stratégie n'est pas nouvelle, et des déclarations bien antérieures de Vidor confirment la cohérence d'un point de vue qui s'appuie de façon assez complexe sur un double rapport : celui de l'Amérique à l'Europe, celui du cinéma à la littérature. Voici par exemple un long article dans lequel S.M. Weller recueille les confidences de Vidor lorsque, en juin 1928, celui-ci se trouve à New York pour y tourner des scènes « d'atmosphère » pour *La Foule*. Le cinéaste surprend et ravit le journaliste en lui disant qu'il adhère à sa théorie, selon laquelle les « auteurs » (c'est-à-dire, en l'occurrence, les scénaristes) doivent devenir réalisateurs, ou les réalisateurs devenir auteurs, de telle sorte que le film fini soit le produit de la conception d'un seul créateur. On peut résumer la pensée de Vidor en deux ou trois points : un film étant la visualisation de la pensée d'un auteur, il faut un seul créateur. Le cinéma est un langage propre, qui n'a rien à voir avec la littérature ou le théâtre ; il faut écrire avec la caméra. Le titre de l'article insiste avec provocation sur l'inutilité des scénarios et sur le fait que les scénaristes constituent un « excédent de bagages ». C'est ainsi que Vidor procède sur le tournage de *La Foule* ; il avait procédé de même avec *La Grande Parade*, modifiant sans cesse et étoffant le synopsis d'ailleurs minimal de Laurence Stallings. Dernier point, Vidor a vu et admiré *Metropolis* de Lang, *Variétés* de Dupont, *Le Dernier des hommes* et *Faust* de Murnau, et il estime que les Américains ont beaucoup à apprendre des cinéastes européens, notamment en ce qui concerne les mouvements de caméra et les angles de prises de vues [1].

Le parlant contraindra Vidor à tempérer le dédain qu'il affiche ici pour les scénaristes et pour les « auteurs » de romans ou de pièces de théâtre : l'image hollywoodienne familière des romans-sources figure avec ostentation dans les génériques et/ou les bandes-annonces de *La Citadelle*, du *Grand Passage*, de *H.M Pulham, Esq.* et du *Rebelle* ; il en va un peu différemment dans la précieuse bande-annonce de *Guerre et paix*, où Vidor, tout en rendant un hommage appuyé à l'« auteur » Tolstoï, procède à un amalgame implicite de l'œuvre romanesque et de l'œuvre cinématographique, comme si la seconde, organiquement issue de la première, englobait celle-ci et peut-être la

---

1. « Without Benefit of Scripts – Scenarists Are Excess Baggage – Says King Vidor to S.M. Weller », *Motion Picture Classic*, septembre 1927.

dépassait, lorsqu'il déclare : « En réalité, la phase de préparation la plus importante de ce film a commencé il y a de nombreuses années, lorsque Tolstoï a écrit *Guerre et paix* ».

Le cinéaste s'efforcera néanmoins de maintenir son point de vue sur la nécessité de l'« auteur » unique du film. Dans un texte de 1934, il dénonce le caractère moutonnier des producteurs hollywoodiens et leur refus de prendre des risques, qui s'expliquent par l'importance des sommes en jeu. Les choix sont faits par des hommes d'affaires et non des artistes, si bien que les sujets les plus originaux, passant par des mains multiples, finissent par se banaliser et par tous se ressembler. Dépourvus d'imagination visuelle, les producteurs exigent des scénarios explicites jusque dans leurs moindres détails, ne laissant aucune place à l'imagination du réalisateur ni à celle du spectateur. Ce défaut est aggravé par le parlant. Enfin les coûts élevés de production conduisent à viser le public le plus large possible, donc à niveler par la base. Au lieu de jeter tous les talents créateurs dans un pot commun, il faudrait fractionner les grands studios en unités de création individuelle et encourager l'expression individuelle [1].

DEUX AUTEURS AMÉRICAINS : VIDOR ET FITZGERALD

On évoque souvent, de façon plutôt anecdotique, les rapports amicaux que Vidor entretint avec F. Scott Fitzgerald, l'auteur de *Gatsby le Magnifique* et occasionnel scénariste hollywoodien. Habitué des longs séjours européens, le romancier sert de mentor au cinéaste lors du premier voyage de celui-ci à Paris, en 1928. Dans *Le Dernier Nabab*, l'œuvre ultime, inachevée, de Fitzgerald,

---

1. « Rubber Stamp Movies », *New Theatre*, septembre 1934.

le personnage de Monroe Stahr est directement inspiré par Irving Thalberg, le producteur prodige de la MGM qui avait permis à Vidor de réaliser *La Grande Parade* et *La Foule*. Dès 1932, dans « Crazy Sunday » (« Un dimanche de fous »), Fitzgerald prend le milieu hollywoodien pour sujet, mêlant divers modèles, dont Thalberg et sa femme l'actrice Norma Shearer, mais aussi Vidor et sa femme l'actrice Eleanor Boardman ; écrite pour *Cosmopolitan*, un magazine qui appartient à Hearst, la nouvelle est refusée par crainte que ces modèles ou d'autres, comme les stars John Gilbert ou Marion Davies (la maîtresse de Hearst), que Vidor a dirigées à plusieurs reprises, se reconnaissent et s'en offusquent. Fitzgerald assure qu'il a si bien mélangé leurs traits qu'aucun personnage de sa nouvelle n'est identifiable, à l'exception de celui de Miles Calman, dans lequel on peut reconnaître Vidor, qui s'en amusera. Pour dessiner le profil psychologique du personnage, qui change de compagne au fur et à mesure qu'il assigne à ses épouses successives un rôle maternel, Fitzgerald aurait recueilli les confidences d'Eleanor Boardman, la seconde femme de Vidor et l'héroïne de plusieurs de ses films, dont *La Foule*. Si la vie affective de Miles Calman est décrite sous un jour peu flatteur (il trompe sa femme, se fait psychanalyser et témoigne d'une jalousie maladive), il apparaît dans sa vie professionnelle en héros rebelle aux habituels compromis hollywoodiens, et le narrateur fitzgéraldien (un scénariste) le définit comme « le seul cinéaste né en Amérique qui ait à la fois une personnalité intéressante et une intégrité artistique ». Vidor se « vengera » amicalement en campant, dans *Nuit de noces*, un personnage d'écrivain visiblement inspiré de Fitzgerald : sous les traits de Gary Cooper, « Tony Barrett », criblé de dettes et en panne d'inspiration suite à la vie mondaine et très alcoolisée qu'il mène à New

York avec sa femme, se réfugie dans le Connecticut et renoue avec l'inspiration au contact de la nature et surtout d'une très belle jeune femme dont il s'éprend. Manya (incarnée par l'actrice russe Anna Sten, dont Goldwyn essayait en vain de faire une star susceptible de rivaliser avec Marlène Dietrich et Greta Garbo) est issue d'une communauté primitive de fermiers polonais. Son visage empreint de spiritualité offre, face à la rudesse de son milieu, le même contraste que celui de Marion Cotillard dans les bas-fonds new-yorkais de *The Immigrant* (James Gray, 2013). Ni l'écrivain ni Manya ne parviennent à s'arracher sans dommage à leurs milieux respectifs, et l'idylle qui s'esquisse entre eux reste pour l'essentiel virtuelle, encore qu'elle semble devoir survivre à la mort elle-même, comme dans *Peter Ibbetson* de Hathaway ou dans les *Trois Camarades* de Borzage, adaptation d'Erich Maria Remarque qui fut l'une des principales contributions hollywoodiennes de Fitzgerald.

Au-delà de l'anecdote, les relations amicales mais non dépourvues de rivalité entre les deux artistes mettent en lumière certains points qui leur sont communs : sentiment profond d'américanité qui s'accompagne d'un désir de reconnaissance par l'Europe, ambivalence à l'égard d'Hollywood, concurrence implicite entre deux modes d'expression qui actualise le vieux débat sur le *paragone*, la comparaison entre poésie et peinture.

Chez Vidor, l'affirmation et la revendication de son caractère profondément américain vont de pair avec le sentiment qu'il est difficile d'être reconnu comme un « auteur » lorsqu'on n'est pas européen, ou lorsqu'on ne se trouve pas en Europe. Dans son autobiographie, Vidor souligne sans fard le caractère unique de son statut. Après avoir longuement cité une critique anonyme qui affirme

que « *La Foule* est un des films les plus vrais qu'ait signés
un cinéaste né en Amérique », il s'interroge : sur les
marquises des cinémas européens, les noms des metteurs
en scène figurent souvent de préférence à ceux des stars.
En France et en Allemagne, certains de ses films, tels *La
Foule* et *Hallelujah*, sont restés à l'affiche d'un même
cinéma pendant des mois. Pourtant, conclut-il, ce n'est pas
à cause de ma « touche européenne », car cette touche
m'échappe tout à fait ; « je suis très américain dans mon
approche, et ne considère jamais un sujet avec la subtilité
des plus connus des artisans européens ».

L'AUTEUR CONTESTÉ OU CACHÉ

Le déclin relatif de l'« auteur » Vidor s'explique aussi,
paradoxalement, par le succès de la « politique des auteurs »,
dans la critique française, puis dans la critique américaine
grâce à Andrew Sarris, critique et universitaire new-yorkais
qui fut le rédacteur en chef des *Cahiers du Cinéma in
English* et l'auteur de l'influent *American Cinema :
Directors and Directions 1929-1968*. Qualifié de « cinéaste
pour anthologies », qui « a créé plus de grands moments
et moins de grands films qu'aucun autre cinéaste de son
rang », Vidor reste à la porte du Panthéon de Sarris. Cette
exclusion (au demeurant honorable : il est dans le deuxième
cercle, en compagnie de Borzage, Capra, Cukor, DeMille,
Blake Edwards, Minnelli, Preminger, Sirk, Stroheim et
Walsh) tient en partie à la chronologie. Proclamant dès les
années vingt son ambition d'être un auteur, et un auteur
américain de surcroît, Vidor a eu raison trop tôt, à une
époque où l'expression faisait l'effet d'un oxymore, tandis
qu'en 1968 elle paraît une évidence pour le nouvel
Hollywood et la génération des Penn, Pollack, Coppola et

autres Scorsese. De façon plus subtile, voire perverse, sa conception répétée avec force de l'« auteur » qui revendique son indépendance ne correspond pas à celle du « contrebandier » qu'à la suite des *Cahiers du Cinéma* chérira Scorsese : le cinéaste qui à l'époque classique d'Hollywood, loin d'être un rebelle, s'avance masqué et réalise des « films de genre » et non des « films d'auteur ». Nous reviendrons sur ce point, car certains films de commande ou prétendument impersonnels de Vidor méritent un réexamen attentif, la pratique du cinéaste ne se confondant pas toujours avec sa théorie.

Nous nous pencherons aussi sur le cas d'espèce bien connu de *Duel au soleil*, film produit par Selznick (producteur notoirement interventionniste) et à la réalisation duquel contribuèrent, outre Vidor (seul crédité au générique), William Dieterle, Josef von Sternberg, William Cameron Menzies et d'autres. Pour citer Tavernier et Coursodon (*50 ans de cinéma américain*, 1991), « ce diable de film sera toujours un défi au discours "auteuriste". » Nous pensons pourtant qu'il s'agit d'une œuvre très vidorienne, jusque dans son caractère rhapsodique, y compris au sens étymologique de « recousu », mais où s'affirme une vision lyrique de l'Amérique, ou plus précisément du Texas, patrie de Vidor.

CHAPITRE II

LA GUERRE, LE BLÉ, L'ACIER

En 1920, Vidor publie dans le journal *Variety*[1] *A Creed and a Pledge*, texte en forme de serment au statut étrange, mais révélateur. Selon Raymond Durgnat, Vidor aurait, cinquante ans après, donné à cet engagement une simple valeur publicitaire, considérant que ces serments grandiloquents étaient contredits, dès leur publication, par sa vie dissolue de joueur de poker. Cette déclaration précoce incite néanmoins à dépasser l'anecdote. Outre les promesses liées à la moralité et à la défense du bien, que Vidor affirme vouloir toujours considérer comme le guide de ses scénarios, ce message assigne surtout une mission au cinéma : délivrer à l'humanité un message d'émancipation[2]. Cette intention précoce, qui place le cinéma au cœur du monde moral et social, permet de voir poindre le « projet » de Vidor. Pourtant Vidor, s'il naît avec le cinéma, n'appartient pas à la toute première génération des pionniers d'Hollywood. Quelle que soit son admiration pour Griffith, il ne lui

1. *Credo et engagement*, reproduit en fac-similé dans R. Durgnat et S. Simmon, *King Vidor, American*, Berkeley, University of California Press, 1988, p. 31.
2. « help humanity to free itself from the shackles of fear and suffering », « aider l'humanité à se libérer des chaînes de la peur et de la souffrance ».

appartient plus de tourner *Naissance d'une nation*, mais, en racontant le parcours d'un homme et d'une femme, semblables et différents selon les époques, de se pencher sur l'histoire et la géographie de l'Amérique, et de s'interroger, à travers elle, sur l'énergie et la vitalité humaines.

« Comme je l'avais dit à Irving Thalberg, mes trois grands thèmes étaient la guerre, le blé et l'acier [1] », cet extrait du chapitre de l'autobiographie de Vidor consacré à *Romance américaine* met en relief le lien qui unit, dans son œuvre, trois films essentiels : *La Grande Parade* (1925), *Notre pain quotidien* (1934), *Romance américaine* (1944).

LA GRANDE PARADE, LA GUERRE COMME SCÈNE PRIMITIVE

Premier grand succès de Vidor, *La Grande Parade* est d'abord l'œuvre qui a apporté à son réalisateur la consécration publique autant que la reconnaissance critique. Avec *La Grande Parade*, Vidor devient réalisateur, au sens où le terme, jusqu'alors, était employé presque exclusivement au sujet de cinéastes européens. Le film met en scène Jim Apperson (John Gilbert), fils cadet d'un industriel, un peu gâté, un peu frondeur. Un Américain ordinaire et paresseux encore couvé par une mère qui fait preuve d'une confiance aveugle dans les talents de son fils. Sur un coup de tête, à la suite d'une dispute avec son père, Apperson s'engage dans l'armée et rejoint le front, en France, en 1917. C'est là qu'il rencontre à la fois l'amour, en la personne de la jeune fermière Mélisande, interprétée par Renée Adorée,

---

1. K. Vidor, *A Tree Is a Tree : An Autobiography*, Samuel French, Hollywood, 1953, 1981, trad. fr., *La Grande Parade : Autobiographie*, 1 re éd., Jean-Claude Lattès, 1981 ; Ramsay, 1985, p. 194.

mais également une amitié cocasse et joyeuse qui le lie à deux compatriotes, Bull et Slim, tous deux issus de classes sociales moins favorisées. Apperson, parti joyeux, au son des trompettes guerrières, soldat de fantaisie et de fortune, apprend aussi le danger, la solidarité de la peur, et, pour finir, la souffrance puisqu'il reviendra de guerre avec une jambe en moins. Film de guerre, *La Grande Parade* offre à Vidor l'occasion de renouer avec son apprentissage du cinéma, à Galveston, lorsqu'il avait filmé « la plus grande parade militaire de l'histoire américaine : onze mille hommes [1] » qui rejoignaient Houston. Cette vision d'une ligne infinie de soldats avançant à perte de vue, l'excitation et la frayeur que procurait le défi technique de la filmer, est restée imprimée dans l'imaginaire de Vidor. Il la retrouvera, à la fin de sa carrière, pour filmer la retraite de Russie dans *Guerre et paix*.

Dans une séquence restée très célèbre, Vidor orchestre littéralement la première confrontation d'Apperson avec la violence. C'est au milieu d'une nature idyllique, dans un paysage de forêt quasiment originelle, que les hommes, mus par la confiance qu'ils semblent accorder à l'innocence du monde, rencontrent les premiers obus. Vidor commente abondamment cette séquence emblématique de la *silent music* qui rythme ses plans [2]. C'est en visionnant de nombreuses images de la guerre de quatorze qu'une bande, où la musique de l'armée, les canons et les soldats semblaient avancer selon un rythme particulièrement lent, attira son attention. Cette procession précédait un défilé de cercueils de soldats. Frappé par cette marche funèbre, qu'il entreprend de rythmer à l'aide d'un métronome, Vidor reproduit ce

---

1. *Ibid.*, p. 11.
2. *Ibid.*, p. 90.

rythme sur le tournage de la première séquence de combats de *La Grande Parade*. En scandant directement sur le plateau le mouvement des acteurs, le cinéaste s'emploie à rendre sensible une forme de musique de l'image, perceptible au visionnement du plan, que la musique viendra éventuellement souligner, mais qui relève d'abord de la fabrication d'une rythmique visuelle. Le procédé révèle le véritable enjeu de ce film de guerre ; loin de l'anecdote, il s'agit, comme l'écrit Jean-Marie Lecomte, de filmer la guerre comme « un élan, un mouvement, un rythme pulsionnel qui transforme l'individu[1] ». Après cette première rencontre avec la violence, les combats iront s'intensifiant, jusqu'à la mort des deux compagnons d'Apperson, et la blessure du héros, parti au secours de l'un de ses camarades. Apperson est, dans *La Grande Parade*, une sorte de héros malgré lui. Témoin d'une guerre qu'il entreprend sans grande conviction, dans un accès de patriotisme capricieux qui relève plus de la révolte adolescente que de l'explosion de conscience civique, le personnage se laisse porter par les circonstances. La rencontre avec Mélisande prend la forme d'une pastorale, et les aventures héroï-comiques qui ponctuent les classes de Jim et de ses compagnons relèvent bien plus du récit picaresque, du roman d'apprentissage comique, que du film de guerre. C'est le corps à corps avec un réel surgi brutalement dans la forêt des Ardennes qui vient transformer le film et le destin du protagoniste. Fou de douleur après la mort de Slim, Apperson se rue sur les lignes allemandes, prêt à égorger sauvagement un soldat ennemi blessé.

---

1. J.-M. Lecomte, « King Vidor et l'Amérique en guerre : la déraison de l'Histoire », dans *King Vidor, Odyssée des inconnus*, J.-M. Lecomte, G. Ménégaldo (dir.), Condé-sur-Noireau, Éditions Corlet, 2014, p. 88.

Apperson témoigne d'une conception du personnage comme une page blanche sur laquelle vient s'écrire l'histoire de l'Amérique, faite de violence, presque de folie, d'amour, de réconciliation. À l'épreuve de la guerre, l'enfant gâté se mue en un citoyen responsable, capable, à la fin du récit, de partir retrouver en France la femme qu'il aime, elle aussi mûrie par le conflit qui l'a chassée de sa ferme. Par-delà sa virtuosité formelle, qui se manifeste tout particulièrement dans les séquences de combat, le film se pose, comme *La Foule* (1928), la question de l'Amérique, de la place qu'y tient l'individu, de celle qu'occupe la société.

Héros d'occasion, Apperson se hisse à la hauteur des circonstances historiques. À l'image d'un pays que les aléas de l'histoire conduisent à se dépasser, à sortir de son isolement, *La Grande Parade* fonctionne sur l'incarnation du lien étroit qui, dans l'univers de Vidor, unit l'intime et politique. La thématique n'est que très rarement exposée directement par le cinéaste, mais elle court à travers l'ensemble de son œuvre, et s'épanouit avec une puissance particulière dans le film. Par le biais des rencontres et des aventures du protagoniste du film, se conte également un récit initiatique où l'accès à l'âge adulte passe par la rencontre avec l'autre. Posant en quelque sorte les standards du film de guerre, le régiment de Jim Apperson fonctionne comme une métaphore de la société. Lorsqu'il rencontre Mélisande, Bull et Slim, le héros à la vie facile découvre d'autres univers. Il ne s'agit pas pour Vidor d'analyser le monde en termes de classes, mais il apparaît rapidement que les compagnons du héros n'appartiennent pas à la même sphère sociale. La confrontation avec autrui, dans une situation d'isolement, hors du milieu familial habituel, puis de difficultés (les classes, la discipline, la formation), enfin de danger, favorise l'intensité d'un lien durable, que mettent en relief la complicité et la solidarité qui unissent les trois personnages face au feu, ou devant les affres amoureuses d'Apperson.

Plus fondamentalement, Vidor, avec les trois éléments évoqués plus haut – la guerre, le blé, l'acier –, tente de proposer au spectateur une vision de l'Amérique, dans son histoire, dans sa géographie, dans ce qu'il appelle également, tout au long de l'entretien qu'il accorde à Nancy Dowd et David Shepard, le savoir-faire de l'Amérique, son talent particulier. Les trois films que le cinéaste consacre plus spécialement à cette question comportent des voyages, des déplacements à travers le territoire américain comme au-delà des frontières du continent. Les personnages franchissent des distances pour trouver leur chemin, leur histoire, mais aussi rencontrer, voire fonder autour d'eux leur Amérique.

NOTRE PAIN QUOTIDIEN, LE SALUT PAR LE COLLECTIF

C'est ainsi que John Sims (le personnage porte le même nom que le héros de *La Foule*; comme le John Doe de Capra, il personnifie l'Amérique [1]) quitte New York, dans *Notre pain quotidien*, pour aller chercher, dans une ferme abandonnée que lui propose un vieil oncle, la forme que prendra son existence. Si la crise de 29 fait fuir John et sa femme, elle les conduit, en quelque sorte, à fonder une nouvelle fois l'Amérique, dans un lieu symboliquement appelé Arcadie, à réinventer la communauté et la société

---

1. *King Vidor Interviewed by Nancy Dowd and David Shepard*, The Directors Guild of America et The Scarecrow Press, Metuchen (New Jersey), 1988, p. 144 : « it was the average man idea », « c'était l'idée de l'homme ordinaire ».

américaines. Progressivement, John et Mary sont rejoints par un immigré suédois, puis par des migrants venus de l'est de l'Europe, comme si se jouait, en miniature, la succession des différentes vagues d'immigration qui ont peuplé les États-Unis. Dans l'article de référence qu'il a consacré au film [1], Michel Ciment analyse l'implication politique du parcours et des choix des protagonistes. Au cœur de l'Amérique de Roosevelt, l'utopie d'une communauté agraire renvoie, selon lui, autant aux expériences de coopératives agricoles du New Deal qu'à l'Amérique rurale de Jefferson. Il importe cependant de conserver en mémoire que *Notre pain quotidien* n'est pas seulement un film de circonstances, généré, comme le raconte Vidor, par un article du *Reader's Digest* sur les coopératives agricoles encouragées par la première administration Roosevelt [2]. Le film traverse l'histoire des États-Unis pour refonder une sorte de communauté de pèlerins. L'opprobre dont est marqué le personnage de Sally, dangereuse tentatrice venue de la ville pour entraîner Sims loin de ses responsabilités, souligne l'opposition entre société rurale collective et organisée et monde urbain perverti et corrompu. L'acmé de la démonstration est atteinte lors de la très fameuse séquence finale de creusement du canal d'irrigation. Alors qu'il abandonne les siens pour partir chercher fortune à la ville avec Sally, John est comme arrêté en pleine course par le bruit de l'eau, qui lui donne l'idée de dériver le cours d'une rivière pour arroser les maïs de sa communauté grillés par le soleil. Volte-face, John Sims retourne à la ferme, et, de leader agricole, se fait ingénieur et chef

---

1. M. Ciment, « *Notre pain quotidien*, le New Deal et le mythe de la frontière », *Positif* n°163, novembre 1974, p. 30 *sq.*

2. N. Dowd, *Interview* cit., p. 144.

d'orchestre. L'exploit technique de la séquence de construction du canal, tournée au métronome, avec l'aide d'un percussionniste qui rythmait au tambour les pas des acteurs, et inspirée très directement du cinéma soviétique [1], a une fonction nettement politique. L'individu Sims trouve sens à son action au sein d'une communauté, où des hommes libres (à cet égard, la discussion sur le système de gouvernement du groupe qui intervient à la moitié du film est révélatrice) acceptent la direction d'un chef pour parvenir à accomplir un exploit. Plus encore que la communauté idyllique d'Arcadie, c'est cette conclusion effrénée du film qui illustre l'Amérique de Vidor, riche à la fois de son potentiel de solidarité et de son savoir-faire technique. Si utopie politique il y a, elle ne relève pas du socialisme, mais de la confiance que le film accorde à la fois à la terre, à ses capacités nourricières et régénératrices, et à l'aptitude d'un groupe humain à transcender les individualités pour produire une œuvre collective. Comme le déclare Vidor : « [le film] glorifie la terre, et le fait de faire pousser des choses en général. Il glorifie l'entraide. Il se délivre de toutes les complications des échanges mercantiles, des intermédiaires et de la compétition. [2] » Raphaëlle Costa

1. Vidor évoque *Turksib* de Viktor Tourine (1929), documentaire consacré à la construction du chemin de fer qui relie le Turkestan à la Sibérie, et son emploi d'une musique réduite à deux instruments, flûte et basse (N. Dowd, *Interview* cit., p. 146). Nouvel exemple de *silent music* que Vidor importe dans le cinéma parlant, la séquence finale de *Notre pain quotidien* est rythmée au métronome et à la grosse caisse et progressivement accélérée lors de son tournage, puis postsynchronisée. Par ailleurs *Turksib* développe plusieurs thèmes chers à Vidor, l'eau qui fertilise le désert du Turkestan, l'enthousiasme et la jubilation de la pose des rails, le chemin de fer qui permet la circulation et l'échange du blé et du coton...

2. N. Dowd, *Interview* cit., p. 150.

de Beauregard souligne la proximité de cette communauté avec la vision du monde défendue par la *Christian Science*, dont Vidor se déclarait adepte[1]. Il importe cependant surtout de se demander comment une telle célébration du collectif, si lyrique, si lumineuse, dans un film dont la ligne claire, simple, directe, conduit à l'apothéose joyeuse de l'irrigation, a pu trouver sa place dans l'œuvre d'un cinéaste aussi attaché à l'individu. C'est peut-être en partant de cette jubilation finale que se comprend *Notre pain quotidien*. L'accomplissement de l'œuvre justifie le collectif et lui donne son sens, justement parce qu'il assigne à chacun une place incontestable, simplement utile. Si utopie il y a, elle pourrait alors être moins sociale ou politique qu'artisanale, voire, au sens le plus concret du terme, poétique.

ROMANCE AMÉRICAINE, LES COULEURS DE L'AMÉRIQUE

Cette Amérique du savoir-faire se trouve célébrée, même magnifiée dans *Romance américaine*, à travers la saga, les voyages et les aventures de Stefan Dangosbiblichek. Le film suit son parcours depuis le bateau qui le conduit à Ellis Island avec quelques pièces en poche, jusque dans les mines et les aciéries du Minnesota, avant Detroit, Chicago, puis la Californie. Devenu Steve Dangos, le héros voue un véritable culte à son pays d'adoption. Mineur, puis sidérurgiste, il épouse Anna O'Roarke, une Irlandaise. Le film raconte à la fois la vie privée de Steve, de ses enfants qu'il nomme George Washington Dangos et Theodore Roosevelt Dangos, et son ascension sociale. Brillant inventeur, Steve Dangos, d'ouvrier sidérurgiste,

---

1. R. Costa de Beauregard, « *Notre pain quotidien* : entre utopie et réalité », dans *King Vidor, Odyssée des inconnus, op. cit.*, p. 64 *sq.*

devient constructeur automobile, puis, en Californie, participe à l'effort de guerre en prenant la tête d'une usine d'aviation.

C'est en 1940, alors qu'il s'apprête à s'engager au service cinématographique de l'armée, que Vidor apprend qu'il pourra finalement réaliser l'épopée industrielle qu'il préparait depuis plusieurs années. Ce troisième volet de la trilogie de l'Amérique devient alors, selon ses dires[1], sa contribution à l'effort de guerre. Vidor n'a pas manqué de souligner à quel point ce film, auquel il voue une affection toute particulière, témoignait d'une recherche plastique susceptible de rendre compte de la diversité géographique de l'Amérique. Le travail est principalement centré sur le chromatisme. Le tournage de *Romance américaine* coïncide en effet avec la découverte par Vidor de la peinture américaine. Le cinéaste commence à cette époque une collection où figure en bonne place Edward Hopper, dont le sens du cadre, et la construction géométrique de l'image, exercent une importante influence sur la structuration des plans du film. S'y ajoutent les œuvres de Grant Wood, Benton, puis Wyeth, dont la richesse chromatique célèbre la ruralité américaine. Parallèlement, Vidor se lance dans la création de tableaux, expérimente les techniques de peinture à l'huile en autodidacte. Abordé avec *Le Grand Passage* (1940), le travail sur la couleur se fait plus exigeant, plus précis. La recherche chromatique renvoie autant à l'univers technique qu'au monde pictural et artistique du XXe siècle américain. Le gris et le rouge de l'acier du Minnesota, les harmonies bleutées de la période Chicago, les oranges et les couleurs vives de la Californie finale confèrent à chacune des étapes du film son ambiance, sa luminosité, son harmonie.

---

1. K. Vidor, *La Grande Parade*, *op. cit.*, p. 194.

Film d'une vie, évocation d'un géant de l'Amérique, que Vidor compare à Chrysler ou Carnegie, dont il a lu les biographies en écrivant le scénario[1], *Romance américaine* se présente aussi comme une exploration, ou plutôt une célébration géographique de l'Amérique. Dans le projet de Vidor, l'énergie vitale du personnage et celle des paysages se répondent, se complètent. Cette épopée, pour laquelle Vidor se réclame de *Regain* de Pagnol (1937)[2], repose sur l'hybridation entre fiction (l'histoire personnelle de Dangos et de sa famille, du bateau à la création de son usine d'aviation) et documentaire (la mine, la construction automobile, l'aviation). La diégèse se déroule sur une période de cinquante ans, et le spectateur voit vieillir les protagonistes tandis que leur statut social et leur fortune s'améliorent, et que se transforme le paysage des États-Unis. La trajectoire historico-géographique du récit, qui conduit de la mine à l'aéronautique, du Minnesota à la Californie, épouse également le déplacement du centre de gravité du pays, tourné vers l'ouest, et l'évolution de son économie. Encore une fois, c'est une Amérique du savoir-faire, où la compétence collective n'empêche pas la reconnaissance du talent particulier de chacun, que célèbre Vidor à travers cette *Romance américaine.* Steve Dangos, dès qu'il achète sa première automobile, s'empresse de la démonter entièrement, puis de la remonter, afin d'en comprendre le fonctionnement, puis de l'améliorer, jusqu'à pouvoir construire, un peu plus tard, un prototype de nouvelle voiture. Avec l'aide d'un cousin et d'un ami, il passe ensuite à la production industrielle, et le film exalte l'harmonie industrielle, l'ingéniosité de la fabrication des voitures sur une chaîne reconstituée en studio. Au cœur

1. *Ibid.*, p. 196.
2. N. Dowd, *Interview* cit., p. 204.

du récit, dans un épisode situé en 1917, le discours de George Washington Dangos, qui vient d'obtenir son diplôme universitaire avant de s'engager dans l'armée, délivre le sens du film, sa dimension citoyenne et collective. Il ne s'agit pas de célébrer la réussite d'un quelconque magnat de l'industrie, fût-il, au départ, un modeste immigré. Steve Dangos est emblématique de l'Amérique par sa capacité à saisir les opportunités, à rebondir, à témoigner perpétuellement d'une énergie vitale qui dépasse le succès économique. Comme le note justement Durgnat[1], la vie de son fils est le prix à payer pour l'accession à la citoyenneté, et le montage du film insiste sur le parallélisme entre le deuil de la famille et le serment de fidélité à la constitution que prononce Steve. Tempéré par les réactions compréhensives et indulgentes de sa femme, et par la révolte de son fils Theodore qui s'oppose à lui lorsqu'il entend refuser à ses ouvriers le droit de se syndiquer, l'autoritarisme un peu mécanique de Steve Dangos s'adoucit au fil du récit, et laisse place à un optimisme teinté d'humanisme qui donne au film son épaisseur et sa capacité à traverser le temps. Ce projet, si cher à Vidor qu'il a souhaité figurer au générique comme l'auteur de l'idée originale, n'a pourtant pas connu le destin espéré. À l'inverse de *La Grande Parade*, dont Vidor s'était lui-même employé à couper quelques images de chaque plan, de façon à conserver toutes les séquences, sans excéder la longueur exigée par le producteur Irving Thalberg, *Romance américaine* ne résiste pas aux projections tests, et sa longueur impose de supprimer une séance journalière de projection. Les coupes effectuées directement par la MGM se soumettent aux impératifs de la bande sonore et surtout de la musique, elles privilégient un peu trop, au goût du

---

1. R. Durgnat et S. Simmon, *King Vidor, American, op. cit.*, p. 224.

cinéaste, la dimension documentaire du film[1], laissant de côté les éléments humains.

Cependant, l'attention portée à l'atmosphère particulière de chacune des étapes professionnelles de l'existence du personnage participe à la puissance et à l'efficacité d'un film qui, à l'instar du *Rebelle* ou de *La Foule*, a connu une authentique postérité cinématographique. Comment ne pas voir dans les ouvriers sidérurgistes venus de Ruthénie dont *Voyage au bout de l'enfer* raconte le destin tragique les héritiers de Steve Dangos et de son ami Dubechek? Leurs visages éclairés par la flamme rouge des hauts fourneaux, dans les premiers plans du film de Cimino, semblent refléter, par-delà les années, ceux des protagonistes de Vidor. Mal aimé et mal exploité, encore aujourd'hui difficilement trouvable, *Romance américaine* n'en constitue pas moins un jalon essentiel de cette histoire des États-Unis que le cinéma américain construit, déconstruit et réinvente depuis Griffith.

Dans cette trilogie américaine, qui fait la part du deuil et de la souffrance, domine néanmoins l'optimisme. Que le point de vue soit celui de l'Américain moyen (*La Grande Parade*), celui de la société (*Notre pain quotidien*) ou celui de la famille d'immigrants, exemplaire de la réussite du rêve américain, la vision vidorienne du monde témoigne d'une confiance dans un avenir que les progrès continus de la technique et la capacité de l'individu à saisir les opportunités promettent radieux. L'échec de *Romance américaine*, suivi de la brutale rupture entre Vidor et la MGM, ne manquera pas, dans l'après-guerre et la deuxième partie de la carrière du cinéaste, de nuancer ce point de vue.

---

1. K. Vidor, *La Grande Parade*, *op. cit.*, p. 198-199.

La vision critique du cinéaste, qui s'exprime déjà dans certaines séquences de *La Foule* ou de *Street Scene*, prend le pas sur l'optimisme, et laisse place à une amertume, voire parfois à une révolte, qui s'exprime par exemple dans *Le Rebelle*[1].

1. Voir M. Henry, « Le blé, l'acier et la dynamite », *Positif* n° 163, septembre 1974, p. 41 *sq.*

CHAPITRE III

DE *LA FOULE* AU *REBELLE* : L'HOMME DANS LA FOULE

Le héros de *La Foule*, John Sims, est un Américain ordinaire, peut-être promis à un destin extraordinaire. Il naît le jour de la fête nationale, le 4 juillet 1900. Le médecin qui le met au monde le tient par le pied et lui donne deux petites tapes sur les fesses pour faire entrer l'air dans les poumons ; chère à Vidor, reprise dans *La Citadelle* et dans *H.M. Pulham, Esq.*, l'image désigne ce que chaque naissance, donc chaque individu, a simultanément de singulier et de commun à l'espèce humaine. Jusqu'à l'âge de douze ans, comme nous en informe un sous-titre ironique, John reçoit la même éducation – en réalité tout à fait ordinaire – qu'avaient reçue Lincoln et Washington. C'est alors que John est frappé une première fois par le sort ; dans une ellipse dont nous ne voyons que la conséquence traumatique, dramatisée par la vue en plongée d'un escalier en perspective forcée que monte interminablement l'enfant, celui-ci apprend qu'il est devenu orphelin. Nous le retrouvons à vingt-et-un ans – l'âge de la majorité – qui, venant d'arriver de sa petite ville anonyme, découvre le panorama spectaculaire et débordant d'énergie des gratte-ciel de Manhattan et des bateaux qui sillonnent les alentours de l'île. Les vues plongeantes sur la foule qui se presse dans les rues alternent avec les contre-plongées sur les façades des immeubles. Partant du niveau de la rue, un plan remonte la masse écrasante de l'authentique Equitable Building (un gratte-ciel qui en 1915 fit l'effet d'un monstre et détermina les édiles à fixer les premières règles limitant masse et hauteur pour permettre la pénétration de la lumière) avant de paraître, du même mouvement, entrer dans l'immeuble et dans la salle immense où des centaines d'employés de la compagnie d'assurance sont affairés à leur bureau, celui de John Sims portant le numéro 137.

Le décor ainsi planté est empreint d'une ambivalence ou d'une réversibilité foncières. À l'instar de l'image du nouveau-né qui s'éveille à la vie, les vues initiales de New York constituent, cette fois-ci sur le plan social et non plus biologique, une célébration de l'énergie et de l'ingéniosité humaines, elles saluent le caractère vital et organique d'une métropole de pierre, d'acier et de verre habitée et animée par une âme collective. Ici Vidor est proche des symphonies urbaines dont Ruttmann et Vertov ont donné les exemples cardinaux, en même temps que du film expérimental de Paul Strand et Charles Sheeler *Manhatta* (1921). La manière dont la foule fait fonctionner la métropole, dont les employés de la compagnie d'assurance répètent les mêmes gestes aux mêmes heures, tels les rouages d'une machine réglée par un mécanisme d'horlogerie, dont les ascenseurs se remplissent et se vident, dont chaque employé s'apparie à la sortie avec la jeune femme qui l'attend, vient corriger l'impression initiale : si le mécanique paraissait d'abord vivant, ici le vivant paraît mécanisé et donc, au moins dans une certaine mesure, déshumanisé, au point que la comparaison qui vient à l'esprit (surtout à cause des ascenseurs, mais aussi dans la séquence ultérieure de l'hôpital, qui a de nouveau recours à la perspective forcée) est plutôt celle de la dystopie langienne de *Metropolis* (1927).

« À nous deux maintenant ! » semblait dire John Sims en découvrant le majestueux panorama de Manhattan : la métropole offre au regard beauté, énergie, opportunités en abondance. À ses côtés, le quidam qui remarquait « Il faut être très fort pour l'emporter sur la foule » ne parvenait pas à doucher l'enthousiasme de John, persuadé qu'à force d'application au travail et d'imagination – qualités qu'il possède sans conteste – il lui sera facile de sortir du lot. À ce stade, John, qui se rêve en créateur, en *auteur* (il invente des slogans publicitaires), n'a que condescendance pour le clown / homme-sandwich, « réclame vivante » et homme chosifié, dont le chômage le forcera à endosser le rôle médiocre et subalterne.

On a souvent évoqué, à propos de *La Foule*, le modèle de Walt Whitman. Non sans raison : l'auteur des *Feuilles d'herbe* est alors unanimement considéré comme le plus grand poète américain, celui qui a su à la fois libérer le vers, démocratiser la poésie, s'identifier non seulement au chemineau sur la grand-route, mais aussi à l'ouvrier dans la cité, célébrer l'énergie vitale du cosmos et de la sexualité, mais aussi celle de l'industrie et de la machine. Poursuivant et amplifiant la tradition transcendantaliste, Whitman, qui reçoit d'ailleurs l'accolade d'Emerson, exalte le moi individuel (« Chant de moi-même ») dans la mesure même où il vibre à l'unisson de l'ensemble de la création divine et humaine. Ce sont des extraits des nombreux poèmes que Whitman a consacrés à New York qui servent de contrepoint aux images de *Manhatta* de Strand et Sheeler, de même qu'une citation de Whitman servait de transition entre les différentes époques d'*Intolérance* de Griffith. Vidor, bien évidemment, n'ignorait pas Whitman, qu'il cite dans *Street Scene* et dans *Nuit de noces*, et il n'est pas impossible que ce soit un vers de Whitman qui ait suggéré le titre de *La Foule* : « Où de la cité la foule incessante avance au long de la longue journée ».

Mais il est important de voir que le « modèle » whitmanien est ici en crise, ainsi que l'attestent non seulement le scénario, mais aussi la diversité des styles auxquels Vidor a recours. Malgré la menace potentielle représentée par le caractère mécanique et standardisé du travail qu'il effectue au bureau, la vie ordinaire de John se déroule d'abord selon un schéma qui continue à faire la part belle à de grandes espérances : il rencontre Mary, se rend avec elle à Coney Island, grand parc d'attractions proche de New York, demande aussitôt Mary en mariage, l'emmène aux chutes du Niagara, « icône du sublime » mais aussi destination devenue familière aux jeunes mariés. L'ironie n'est pas absente de ces séquences, qui montrent le mélange d'audace et de timidité avec lequel le couple croit inventer – et réinvente en effet, jusqu'à un certain point – des gestes familiers à tant d'autres couples (ce que Blin appelait l'humour « de la première fois »), et dont certains lui sont dictés sans qu'il s'en rende absolument compte, qu'il s'agisse du « tunnel d'amour » de Coney Island, dont l'obscurité permet aux amoureux de se bécoter, de la destination des chutes du Niagara, ou encore de la manière dont Mary « prend la pose », devant cette merveille très apprivoisée de la nature, pour l'appareil photo de John – l'ironie étant ici accentuée par le fait qu'Eleanor Boardman, qui joue le rôle de Mary, avait commencé sa carrière en posant à quinze ans pour des films publicitaires de l'Eastman Kodak. Mais ces séquences restent empreintes d'une authentique tendresse, qu'on trouve aussi, à la même époque, dans *Solitude* du Hongrois Fejos, histoire assez semblable d'un jeune couple qui fait connaissance, se rend à Coney Island, s'y perd et se retrouve en s'apercevant qu'ils sont voisins.

La suite de *La Foule* va voir, par paliers successifs, l'érosion des espoirs et des illusions de John, sa prise de conscience graduelle de son incapacité (ou de sa malchance) à s'extraire de la « foule », et aussi du fait que, si la foule est prête à s'associer aux joies collectives, elle est moins disposée à partager les accidents et les malheurs individuels. Passés la lune de miel et les « commencements toujours agréables », John est ramené à la réalité prosaïque de son mariage, des rapports difficiles avec sa belle-famille, du caractère répétitif et étroit de sa vie quotidienne ; une première crise est réglée par la grossesse de Mary et l'arrivée d'un enfant. Cinq ans se passent, les mérites de John n'ont pas été reconnus par une compagnie inéquitable, qui a préféré promouvoir Bert, l'ami insouciant, plutôt que John le bûcheur, mais une petite fille est née à son tour, et l'un des slogans de John lui a valu un prix de cinq cents dollars. À cette lueur d'espoir succède de près la catastrophe qui accable John, la mort de la fillette (pour laquelle il encourt une part de responsabilité, dans le sens où il a, comme toujours, cédé à la tentation de la satisfaction immédiate et dépensé son gain en cadeaux qu'il veut faire admirer à la fillette) qui engendre une spirale (au demeurant fort compréhensible) de désarroi et de dépression, puis de chômage, et la tentation du suicide (thème qu'on retrouvera chez le Capra de *La vie est belle*), à laquelle John n'échappera que grâce à la confiance de son fils. Dans ces scènes déchirantes, c'est la désunion de John et de la foule qui est désormais patente : la foule qui révèle sa versatilité et son indifférence au deuil de John, qu'elle accompagne de son tintamarre ininterrompu, la foule des demandeurs d'emploi qui ont autant de titres à faire valoir que lui, la foule qui s'oppose physiquement à sa progression dans la rue …

L'ambivalence du thème de la foule est reflétée, entre autres, par les hésitations de Vidor, ou plutôt de la MGM, sur la conclusion appropriée à apporter au récit. Sept fins différentes furent envisagées, certaines au moins furent tournées et testées sur le public des *previews*, dont une providentielle fin heureuse montrant la famille réunie autour d'un arbre de Noël après que John a fait fortune dans la publicité (à rapprocher à nouveau de *La vie est belle* de Capra !). Sans doute est-ce cette fin « heureuse » qui suscita les sarcasmes de Welford Beaton, grand admirateur du film, dans *The Film Spectator* : « elle détruisait en une demi-bobine ce que Vidor avait puissamment élaboré dans les sept précédentes » (14 avril 1928). Obstiné, Vidor imposa la fin qu'il qualifie de « semi-cynique », dans le sens où elle n'apporte aux déboires de John qu'un soulagement passager et un peu illusoire, et exprime le mieux l'ambivalence foncière du film dans son ensemble. À la grande satisfaction de la belle-famille, le couple est sur le point de se séparer, mais Mary et John sont réunis in extremis par des billets que John (à la recherche invétérée de satisfactions immédiates) a achetés pour un spectacle de music-hall. Ils s'y rendent avec leur fils et retrouvent là, devant un spectacle de clowns acrobates, la communion avec la « foule » qui se confond ici avec le public. Au moins le temps d'un spectacle, la commune humanité de la famille et du public (celui du music-hall, mais aussi, bien entendu, celui du cinéma où l'on projette *La Foule*) est restaurée dans les rires qu'ils partagent en se balançant d'avant en arrière sur leurs sièges, au fur et à mesure que la caméra s'éloigne d'eux en travelling arrière.

Cette séquence sur laquelle se clôt le film mérite d'être rapprochée de celle des *Voyages de Sullivan* de Preston Sturges, où le cinéaste incarné par Joel McCrea, partageant les rires des bagnards devant la projection d'un dessin animé de Mickey, comprend que sa vocation – comme celle de Sturges lui-même – est de continuer à faire des comédies plutôt que des films à message social. *Les Voyages de Sullivan* sont de fait globalement une comédie même si le film compte des passages tout à fait dramatiques. *La Foule* présente un cas symétrique : s'il contient des scènes de comédie, il n'en s'agit pas moins globalement d'un drame contemporain qui participe entre autres d'une veine « sociale » et même « philosophique » plutôt rare à Hollywood, et la fin « semi-cynique » ou un peu en trompe-l'œil privilégiée par Vidor ne gomme pas l'amertume du constat.

Plusieurs styles alternent ou se mêlent dans le film, qu'on pourrait schématiser en scènes familières (celles de l'enfance, ou de l'intimité amicale et amoureuse, puis conjugale), scènes unanimistes (comme la séquence finale, mais aussi les scènes de Coney Island, par exemple le rotor que reprendra Truffaut dans *Les Quatre Cents Coups*), scènes expressionnistes dans lesquelles Vidor s'inspire ouvertement du cinéma allemand (les perspectives forcées déjà évoquées, ainsi bien sûr que le passage de la façade du gratte-ciel au grand décor de la compagnie d'assurance). Ce schématisme est d'ailleurs trompeur : Murnau a pu inspirer Vidor pour les scènes familières de Coney Island (à comparer à la visite du paysan et de sa femme à la ville dans *L'Aurore*) aussi bien que pour la conclusion « unanimiste » du music-hall (à cause du mouvement de caméra spectaculaire, plutôt rare chez Vidor).

À son tour le film de Vidor sera imité par d'autres cinéastes. Le décor du grand bureau, en particulier, fera florès. On le reverra dans *Christmas in July* de Preston Sturges (1940), où l'on retrouve aussi un jeune marié new-yorkais qui espère faire fortune en gagnant au concours du meilleur slogan publicitaire ; et brièvement dans le film noir de Billy Wilder *Assurance sur la mort* (une autre compagnie d'assurance, californienne). Mais c'est surtout dans la comédie noire du même Wilder, *La Garçonnière*, que se redéploiera ce grand décor, en une « citation » exacte du film de Vidor, évoqué par d'autres détails et traits structuraux : l'association du capital et du gratte-ciel, la présence des ascenseurs (Shirley MacLaine est l'*elevator girl* qui, abandonnée par son patron avec qui elle avait une liaison, fait une tentative de suicide). Interprétés par Jack Lemmon – nouvelle incarnation du *common man* – et par Shirley MacLaine, les personnages principaux de *La Garçonnière* sont à bien des égards les équivalents de ceux de John et Mary Sims. Vidor ne s'y est pas trompé : interviewé par Nancy Dowd, il regrette que dans *H.M. Pulham, Esq.* la MGM lui ait imposé la présence d'une star à la beauté altière (Hedy Lamarr) alors qu'il aurait fallu « une fille comme Shirley MacLaine, une fille qui ait de l'énergie, de l'ambition et ainsi de suite ».

STREET SCENE

Quelques années après *La Foule*, un film aujourd'hui méconnu de Vidor, *Street Scene* (1931), confirme l'« unanimisme en crise » du cinéaste. Cette adaptation d'une pièce de théâtre d'Elmer Rice, prix Pulitzer en 1929, a pour décor presque unique la façade, le perron et le trottoir d'un immeuble du West Side de Manhattan, et pour

personnage collectif ses divers résidants, véritable mosaïque
ethnique où les « Jones » voisinent avec Irlandais et Italiens,
Juifs et Scandinaves. Le film s'ouvre sur un panorama du
ciel new-yorkais qu'accompagne un thème musical d'Alfred
Newman aux accents très gershwiniens : on est ici,
brièvement, dans le genre de la « symphonie urbaine » à
la gloire de la grande ville, que l'on retrouvera dans telle
séquence de transition (l'éveil de New York au petit matin).
Mais pour l'essentiel Vidor choisit d'accentuer la théâtralité
du décor frontal, traitant la façade de l'immeuble comme
« un paysage qu'explore la caméra », s'interdisant de
pénétrer à l'intérieur de l'immeuble et presque de quitter
la façade de vue (on songe à la « défense de l'adaptation »
d'André Bazin, et à *Fenêtre sur cour* de Hitchcock). Comme
l'a bien vu Brasillach, *Street Scene* constitue « une
transcription curieuse du théâtre en un langage qui est
parfois très purement cinématographique, malgré
l'apparence », et Vidor a « conçu [son film] comme un
chœur », à la manière d'*Hallelujah*. Mais rien ici de
comparable à l'« âme noire » qu'exaltait *Hallelujah* :
globalement, le « personnage collectif » de *Street Scene*,
malgré la vantardise généreuse de l'Italien et quelques
traits de « bon voisinage », n'a rien d'avenant ; la plupart
des familles sont caractérisées par leur intolérance, à
l'intérieur d'elles-mêmes comme à l'égard des autres.
Tyrannique, alcoolique, férocement jaloux, l'Irlandais
surprend sa femme et l'amant de celle-ci et les tue l'un et
l'autre. « Mégère sur son balai » (Brasillach), Mme Jones
(Beulah Bondi) passe son temps à épier les résidants et à
colporter des ragots ; son fils s'en prend verbalement et
physiquement aux Kaplan, juifs, intellectuels et gauchistes ;
la sœur de Sam Kaplan elle-même, vieille fille desséchée,
voit d'un très mauvais œil l'idylle qui s'esquisse entre son

frère et Rose, la fille des Irlandais. Sam et Rose sont les seuls personnages auxquels Vidor réserve quelques gros plans, leur permettant, au moins par ce biais, de se détacher de l'environnement qui les tient captifs. Vidor nuance aussi le pessimisme de Rice en modifiant le poème de Whitman que Sam récite à Rose : à l'élégie sur la mort de Lincoln (« *When Lilacs Last in the Dooryard Bloom'd* »), il substitue « Passage to India », hymne aux ingénieurs qui ouvrent de nouveaux moyens de communication, tel le canal de Suez, « raccourci vers l'Inde » qui l'emporte sur les sept merveilles du monde antique.

Le film est surtout illuminé par la merveilleuse interprète de Rose, Sylvia Sidney, incarnation d'un féminisme aussi sensible que déterminé, qui parvient à maintenir son empathie tant avec son père assassin promis à la chaise électrique qu'avec sa mère infidèle et victime. L'œuvre n'en demeure pas moins très sombre, et ne laisse qu'un espoir indécis sur la capacité du velléitaire Sam à s'extraire du milieu où il est englué, et davantage encore sur sa capacité à le faire en compagnie de Rose.

Écrivant en 1932, Borges notait avec perspicacité que *Street Scene* « n'est pas, en substance, une œuvre réaliste ; c'est la frustration ou la répression d'une œuvre romantique », et concluait que « deux grandes scènes la relèvent : celle de l'aube, où le riche déroulement de la nuit est résumé par une musique ; celle de l'assassinat, qui nous est présenté indirectement, par le tumulte et par la tempête sur les visages [1] ».

---

1. « Films », dans *Discussion*, 1957.

LE REBELLE

Le Rebelle (1949) est sans doute le plus connu des films de Vidor, au moins dans notre pays où il jouit d'une solide réputation, attestée par la petite monographie que lui a consacrée Luc Moullet, et confortée par la popularité de son interprète principal – Gary Cooper – et par la légende qui entoura le tournage du film, pendant lequel les amants de la fiction – Cooper et la jeune Patricia Neal – vécurent, dit-on, une liaison passionnée. Mais désigner *Le Rebelle* comme « un film de King Vidor » constitue un de ces raccourcis hasardeux dont la politique des auteurs a usé et abusé. Pour le public américain, l'histoire de l'architecte Howard Roark est d'abord un gros roman en deux volumes, publié en 1943, *The Fountainhead*, bientôt traduit en français sous le titre *La Source vive*. Une adaptation théâtrale de ce roman sera saluée avec faveur au festival d'Avignon en 2014. Peu connue en France, son auteure, Ayn Rand, est une personnalité singulière, une Juive russe de Saint-Pétersbourg nourrie de cinéma américain qui quitta l'Union soviétique pour les États-Unis à vingt-et-un ans, en 1926, et travailla brièvement à Hollywood avant de s'installer à New York et de s'y consacrer à l'écriture de romans dont deux, *The Fountainhead* puis *Atlas Shrugged* (*La Grève*, 1957), furent des best-sellers. Verbeux et répétitif, mais non dépourvu d'une certaine puissance démonstrative, *La Source vive* est un roman à thèse dans lequel Rand exalte l'énergie du créateur individuel qui, n'ayant de comptes à rendre qu'à lui-même, est en butte à l'incompréhension, à la jalousie et à l'hostilité de la *masse*, sorte de monstre social collectif médiocre et ultraconformiste manipulé par la presse à sensation. La lecture de Nietzsche et l'expérience soviétique, qui a ruiné sa famille, ont fait de Rand une ennemie acharnée de tout ce qui ressemble au collectivisme et au socialisme. Considérant l'égoïsme comme une vertu sacrée, récusant toute intervention de l'État dans les affaires économiques et sociales, elle se rêve en « Steinbeck de droite » et jusqu'à sa mort en 1982 fait figure de gourou pour un petit cercle de disciples, les Objectivistes, auquel appartient longtemps Alan Greenspan, futur président de la Banque centrale américaine : « Ayn Rand m'a montré que le capitalisme n'est pas seulement efficace, il est moral » (*Le Monde*, 31 janvier 2006). Aujourd'hui les Républicains radicaux du Tea Party, comme Paul Ryan, voient un maître à penser dans ce chantre de la libre entreprise.

Pour en revenir au *Rebelle*, s'il est tentant d'enrôler ses tirades contre les masses dans la croisade anticommuniste, surtout dans le contexte de 1949 et de la guerre froide, il faut résister à cette tentation et ne pas y céder sottement comme Georges Sadoul qui voyait dans le film « le portrait d'un chef fasciste » (*L'Humanité*, 30 mars 1950). Roark est peut-être un Surhomme nietzschéen, mais il n'est ni un fasciste ni même un chef. L'affirmation des droits imprescriptibles de l'individu face à la tyrannie de la majorité a d'abord pour cibles de nombreux traits de la société et de l'idéologie étatsuniennes et elle peut s'inscrire dans le droit fil subversif des Emerson, Thoreau, Whitman et autres Mencken. La matière et les modèles de *La Source vive* ne sont d'ailleurs pas choisis au hasard : Rand y traite de l'architecture moderne, domaine dans lequel les États-Unis ont joué un rôle éminent et dont la romancière avait une connaissance directe car elle avait travaillé pour l'agence new-yorkaise d'Ely Jacques Kahn. De notoriété publique, elle s'est largement inspirée, pour modeler le personnage de Howard Roark, de la vie, de la personnalité et des déclarations – de la « philosophie » – de Frank Lloyd Wright, architecte à la forte et ombrageuse personnalité, qui travailla successivement dans le Midwest, au Japon et dans l'Arizona et dont le bâtiment le plus célèbre est sans doute le musée Guggenheim à New York.

Aux accents exaltants de la musique de Max Steiner, le générique du *Rebelle* nous montre le livre de Rand, procédé banal ou plutôt qui le serait si le livre ne se métamorphosait en gratte-ciel, nous invitant à assimiler l'œuvre de la romancière (et scénariste du film) à celle de Roark, dans un autre média, et par voie de conséquence l'œuvre de Vidor à celles de ses homologues dans la littérature et l'architecture. Charles Silver, qui admire Vidor autant qu'il déteste l'« objectivisme » d'Ayn Rand, note avec raison qu'en s'identifiant à Roark, Vidor revendique pour lui-même le droit du réalisateur au « montage final » (*final cut*) de ses films, si bien qu'en ce sens, « Howard Roark est l'*auteur* par excellence [1] ». En renversant la perspective, on pourrait ajouter qu'il s'agit moins de se focaliser sur la question de l'auteur de films que, de façon plus générale, sur celle du *créateur* de formes. Cela établit un lien direct entre le personnage de Howard Roark et celui de Tony Barrett (déjà interprété par Gary Cooper), le romancier de *Nuit de noces* : sans forcer la comparaison, on notera que dans les deux cas, la préservation de l'acte de création passe par une rupture avec le milieu social / mondain / institutionnel et par un « retour aux sources » (certes plus radical chez Roark) de la nature, du travail manuel et de la simplicité des formes. Une grande supériorité du *Rebelle* est qu'il permet à Vidor de traiter d'une création

---

1. Notes accompagnant la projection du film au MoMA, New York, 26 octobre 1972.

qui s'apparente au cinéma (sans se confondre avec lui) en ce qu'elle est visuelle et peut être *montrée* sur l'écran (voir la scène mémorable où ses commanditaires suggèrent à Roark d'édulcorer la maquette de son gratte-ciel en l'habillant d'ornements néo-grecs), donc d'échapper aux habituels clichés sur les manuscrits raturés de l'écrivain dont *Nuit de noces* n'était pas exempt.

La référence à Frank Lloyd Wright n'est pas moins évidente dans le film de Vidor que dans le roman de Rand (elle l'est même davantage, pour les raisons « visuelles » qu'on vient de dire), même si cette référence demeure problématique. La Warner sollicita l'architecte pour collaborer au film, mais le cachet que celui-ci exigea – tout à fait conforme en ce point à la haute idée que Roark se fait de lui-même – parut excessif au studio, qui n'en procéda pas moins à une sorte de plagiat à peine dissimulé de l'architecture de Wright. Indépendamment d'indices biographiques qui ne pouvaient être repérés que par les spécialistes (comme la liaison de Wright avec l'épouse d'un de ses clients), tout spectateur ayant quelque connaissance de l'architecture américaine identifie aisément, comme dans un film à clés, Frank Lloyd Wright derrière « Howard Roark » et Louis H. Sullivan, l'architecte de Chicago et maître de Wright, derrière « Henry Cameron », alcoolique et suicidaire, et son affirmation que « la forme [d'un bâtiment] dérive de [sa] fonction ». Plusieurs dessins de Roark qu'on voit dans le film pastichent les constructions de Wright : la résidence Wynand, avec l'accent qu'elle met sur les lignes horizontales, pourrait être une villa de Wright à Oak Park, banlieue huppée de Chicago, tandis qu'un autre dessin de Roark, montrant en légère contre-plongée une villa en cantilever avec une cheminée de pierre pour contrefort, évoque à l'évidence la plus audacieuse des résidences de Wright, la Maison sur la cascade (*Fallingwater*), familière au spectateur depuis que Hitchcock l'a reproduite dans *La Mort aux trousses*. Roark, tout comme Wright à divers moments de sa carrière, ne dédaigne pas de dessiner des bâtiments utilitaires, station service, magasin, usine. En même temps, l'accent mis avec insistance sur le gratte-ciel, sa beauté, sa simplicité, mais aussi – visuellement – la volonté de puissance qui se dégage de lui, l'éloge du gratte-ciel par Cameron, les projets de gratte-ciel de Cameron et de Roark, la culmination finale, au propre et au figuré, que constitue l'érection du Wynand Building, qui dépasse de très haut l'Empire State Building, tout cela brouille évidemment l'identification de Roark à Wright (qui dénonçait la « tyrannie du gratte-ciel » et préférait les horizontales et les courbes à l'*hubris* des verticales) en renvoyant plutôt à la seconde école de Chicago, celle de Mies van der Rohe et de la simplicité géométrique de ses blocs d'acier et de verre dépourvus d'ornements (comme le Seagram Building à New York, construit en 1958, très proche du premier projet de gratte-ciel de Roark).

Pourtant ce minimalisme (Mies était un tenant du *less is more*) n'échappe pas à la symbolique traditionnelle du gratte-ciel : même privé de flèches gothiques et d'autres ornements renvoyant à la symbolique des cathédrales, il est susceptible d'exprimer une aspiration au sublime, une volonté de puissance, l'équivalent architectural d'un *Übermensch*. Cela pose d'ailleurs un défi concret au cinéaste : comment représenter ou exprimer cette aspiration aux cimes, cet élan vertical, sur un écran rectangulaire et plus large que haut ? Le cinéma s'est souvent essayé aux grands formats, mais toujours en développant le procédé panoramique, adapté non seulement aux serpents et aux enterrements (selon Fritz Lang, à propos du Cinémascope), mais aussi aux vastes paysages et aux scènes de bataille : Vidor a fait ce genre d'expérimentation à plusieurs reprises, dans la tradition bien balisée du film historique (la VistaVision de *Guerre et paix*) ou de l'épopée biblique (le Super Technirama 70mm de *Salomon et la reine de Saba*), mais aussi, de façon plus originale et novatrice, dans un western de 1931, *Billy le Kid*, où le procédé du Realife Grandeur (déjà 70mm) confère aux paysages du Nouveau-Mexique et de l'Arizona une dimension majestueuse et épique qui tend à réduire les personnages à n'être que des figurants sur une scène grandiose qui les dépasse. Vidor explique son intérêt pour le procédé et l'impression de profondeur que donne sa netteté jusque dans les arrière-plans dans un texte que publie la *Revue du cinéma* en février 1931, « L'Écran de grande dimension et la perspective ».

Les solutions que trouve Vidor pour traduire l'impression de beauté et de puissance qui se dégage de l'architecture moderne sont diverses. La vue panoramique qu'on a de la grande baie vitrée du bureau de Gail Wynand (Raymond Massey), le magnat de la presse, est clairement imitée de celle qu'on a du bureau de Fredersen, le maître de *Metropolis*, avec le même caractère à la fois exaltant (on s'émerveille devant le spectacle de la métropole new-yorkaise), « dominant » au sens spatial, et « dominateur » au sens hiérarchique et symbolique. Pour la séquence finale, qui voit Dominique Francon (Patricia Neal) rejoindre Roark au sommet de l'altier Wynand Building, Vidor accentue le mouvement vertical effectué par la jeune femme sur son monte-charge en ayant recours à un panoramique et travelling en contre-plongée (correspondant au point de vue du personnage, dont le regard croise celui de Roark,

qui paraît l'attirer à lui tel un dieu bienveillant l'encourageant
à le rejoindre sur son Olympe – ou tel Roger Thornhill
hissant Eve Kendall jusqu'au sommet du mont Rushmore
et/ou jusqu'à la couchette supérieure du train, dans *La
Mort aux trousses*). Cette vue en contre-plongée reproduit
celle que dans *La Foule*, on avait sur la façade de l'Equitable
Building avant de pénétrer à l'intérieur du gratte-ciel, mais
au sentiment de la masse écrasante de l'Equitable se
substitue au contraire, la musique aidant, celui d'une
ascension irrésistible. Vidor se sert aussi, en contrechamp,
de la plongée (donc du point de vue de Roark) sur le visage
de l'actrice en gros plan, ce qui permet de montrer un
fragment du panorama de Manhattan et du fleuve à l'arrière-
plan, tout en soulignant du même coup la verticalité de
l'Empire State Building et en montrant clairement que le
Wynand se dresse beaucoup plus haut. Selon le mot de
Donald Albrecht, cette scène finale représente « la tentative
la plus effrontée du cinéma de présenter le gratte-ciel
comme un symbole phallique [1] ».

Admirateur de Vidor et de DeMille, Luc Moullet a
analysé la séquence avec précision et montré qu'elle
reproduit une scène qu'on trouve dans un film de DeMille,
la partie contemporaine des *Dix Commandements*, première
version (muette) de 1923. Pour lui, Ayn Rand « connaissait
forcément » le film de DeMille, dans lequel elle avait été
figurante avant d'être engagée brièvement par le cinéaste
comme scénariste. Dans *Les Dix Commandements*, le héros
travaille au sommet d'un gratte-ciel en construction, à San
Francisco. Sa belle-sœur, dont il est amoureux, le rejoint
sur un monte-charge et partage le casse-croûte qu'elle
destinait à son mari. Tournée en extérieurs réels, la séquence

---

1. *Designing Dreams : Modern Architecture in the Movies*, 1986.

fait la part belle aux vues panoramiques de San Francisco, et contrairement à ce qu'écrit Moullet, elle est loin d'être « anecdotique » : elle permet un rapprochement physique entre le héros et la femme qu'il aime (« John » et « Mary », comme dans *La Foule* ; rien à voir donc avec les personnages hors du commun du *Rebelle*), et révèle à celle-ci l'infidélité de son mari (du haut de l'échafaudage, elle le voit partir en compagnie de sa maîtresse). Mais il est vrai que chez Vidor, cette scène finale est un inoubliable morceau de bravoure, qui, libérant enfin la tension sexuelle sensible entre les deux personnages pendant tout le film, libération exacerbée par le thème triomphal de Max Steiner, s'apparente clairement à un orgasme : le rapprochement avec Hitchcock n'a rien d'indu, même si le mode épique / organique de Vidor est très éloigné du mode allusif / ironique du « maître du suspense ».

DE L'HOMME ORDINAIRE AU SURHOMME

Il n'est pas nécessaire d'examiner en détail les péripéties du *Rebelle*, forcément très allégées par rapport aux sept cents pages serrées du roman (modèle de condensation, le travail effectué par Rand a conduit à une simplification qui clarifie le propos). L'opposition fondamentale oppose deux architectes et deux types d'architecture. Roark (Gary Cooper) est le créateur intègre, rétif à tout compromis dans le modernisme radical de ses constructions comme dans la recherche de commandes. Il « a des clients pour construire » et « ne construit pas pour avoir des clients ». Peter Keating (Kent Smith) est son antithèse absolue, un mondain prêt à toutes les compromissions et à toutes les bassesses, un imitateur sans originalité comme l'architecture éclectique qu'il a apprise et qui ressemble à ce qu'on appelle aux États-Unis le style « Beaux-Arts ». Cette opposition schématique, avec en arrière-plan celle du créateur face au mauvais goût des masses (la foule [*the crowd*] se mue ici fréquemment en populace [*the mob*]), est dramatisée par un personnage secondaire mais essentiel, le critique architectural Ellsworth Toohey, personnage pervers, quasiment diabolique, qui reconnaît la grandeur de Roark, mais pour cette raison même veut l'humilier et le détruire (« Ellsworth » est l'anagramme approximative de *worthless* = « sans valeur »). Plus complexes sont les rapports de Roark avec les deux autres personnages principaux, Gail Wynand (Raymond Massey), magnat de la presse à la « Citizen Kane », et Dominique Francon (Patricia Neal), journaliste et fille d'un architecte. En réalité, Wynand et Dominique, qui reconnaissent d'emblée la grandeur de Roark, sont eux aussi des êtres supérieurs, qui constituent avec lui une sorte de Pléiade à la manière de Gobineau ; cependant, mus, non pas comme Toohey par une jalousie mesquine et impuissante, mais par un étrange mélange d'orgueil et de masochisme, ils ne peuvent s'empêcher d'essayer de se mesurer à lui, tels des Titans pétris de violence qui ne cèdent qu'à la force plus grande de Roark (Dominique, qui a d'abord cravaché Roark, acceptant d'être prise par lui au terme d'une sorte de ballet érotique assez vif que Vidor substitue au viol explicite du roman ; Wynand recourant au suicide).

Même avec les bémols qu'on a indiqués – la remise en question de l'unanimisme, dans *La Foule* ; le fait que le héros du *Rebelle* soit un créateur et nullement un « chef fasciste » –, la distance qui sépare les êtres d'exception de *The Fountainhead* de l'« humanité ordinaire » qui peuplait *La Grande Parade*, *La Foule*, *Hallelujah*, *Street Scene*, *Notre pain quotidien* et *Romance américaine*, l'adhésion de Vidor aux thèses individualistes de Rand, ont de quoi décontenancer les admirateurs de Vidor, qui du transcendantalisme de Whitman ne semble retenir que le « Chant de moi-même ». En réalité, le virage idéologique de Vidor n'est pas aussi abrupt qu'il y paraît. Tout d'abord, dès que le héros individuel, fût-il ordinaire, affirme une ambition, un désir, une volonté, un impératif moral, il est susceptible d'entrer en conflit avec la « foule » des autres hommes ; le cas de John Sims n'est pas isolé, et Billy le Kid, type du héros asocial mû par un impératif éthique de vengeance, n'échappe à la meute de ses poursuivants (qu'il s'agisse de hors-la-loi ou du shérif Pat Garrett) que grâce aux libertés que Vidor prend avec la vérité historique. En second lieu, le cinéaste s'est particulièrement intéressé à la question du « chef » qui se pose dans toute communauté, y compris lorsque celle-ci est constituée sur des bases démocratiques : cette question fait l'objet d'un débat dans *Notre pain quotidien*, où seule la ténacité et l'inspiration d'un chef d'ailleurs faillible, John Sims (à dessein, Vidor a repris le nom du personnage de *La Foule*), permet à l'entreprise collective de réussir et de fonder, loin de la métropole en proie au chômage, l'utopie agraire d'une nouvelle Arcadie. Le personnage du chef imposant une discipline de fer aux hommes qu'il commande est au cœur du *Grand Passage* sous les traits de Spencer Tracy, acteur qui a souvent incarné les « hommes ordinaires » à Hollywood, mais dont l'interprétation dans le rôle du commandant Rogers a suscité sans surprise la qualification de « fasciste ». Ce qui est sûr est que le portrait de Rogers est ambigu : chargé, à l'époque de l'Amérique coloniale, de mener une expédition punitive et de massacrer un village d'Indiens hostiles alliés aux Français contre les Anglo-américains, Rogers tient, assez naturellement, à ce que l'opération réussisse et à ce qu'elle fasse le moins de victimes possibles parmi ses propres troupes de Rangers volontaires ; son inflexibilité lorsqu'il se sépare d'alliés Mohawks peu sûrs ou de Rangers indisciplinés est donc rationnelle puisque la réussite de l'entreprise lui est subordonnée ; lorsque Rogers encourage ou force ses hommes à accomplir des efforts presque surhumains (franchir une montagne en portant des baleinières sur leur dos, traverser un marécage infesté de moustiques, dormir dans les arbres comme on le verra dans *Aguirre* de Werner Herzog, former une chaîne humaine pour traverser un torrent furieux), on passe dans un registre épique qui demeure un motif d'admiration. Mais peu à peu cette impression se modifie ; après l'accomplissement du massacre, on assiste non plus à l'endurcissement de surhommes, mais à leur basculement dans la sauvagerie même des Indiens (le cannibalisme) et dans la folie – sous-humanité et démence qui n'épargnent pas le personnage de Rogers et font songer avec quarante ans d'avance à la remontée hallucinatoire du fleuve dans *Apocalypse Now* de Coppola. Cette impression n'est pas dissipée par la fin grandiloquente du film, tournée par Jack Conway et substituée à celle qu'avait réalisée Vidor, fin qui est en porte-à-faux avec les scènes qui précèdent [1].

1. Après avoir envisagé de comprimer le roman de Kenneth Roberts en un seul film, la MGM avait décidé de l'adapter en deux époques, la seconde dépeignant Rogers, avide de gloire et de publicité, sous un jour moins héroïque que la première, dûment intitulée *Northwest Passage : Book I – Rogers' Rangers*. Le scénario de cette suite n'étant pas prêt, la MGM fit tourner une nouvelle fin, dans laquelle Rogers évoque avec gourmandise les aventures encore plus éprouvantes qui attendent les Rangers dans leur recherche du « passage du Nord-Ouest », mythique raccourci vers l'Oregon et le Pacifique. Le second film ne vit jamais le jour, rendant peu compréhensible le titre de *Northwest Passage* qui devait être celui du diptyque.

LE REBELLE ET LA CITADELLE

Autre adaptation d'un best-seller (de l'écrivain écossais A.J. Cronin), *La Citadelle* (1938) ne jouit pas, au moins en France où l'on a tendance à croire avec Truffaut que cinéma et Angleterre sont des termes antinomiques, d'une grande réputation : le film, produit par la branche britannique de la MGM et tourné en Angleterre avec une distribution principalement anglaise (Robert Donat, Ralph Richardson, Rex Harrison…), serait académique et l'un des moins personnels de son auteur. Ce n'est pourtant pas ce que Vidor lui-même déclare : « *Le Foule* et *La Citadelle* comptent parmi mes films préférés et j'aime parler d'eux [...]. Les deux films sont ce que j'appelle des récits à la première personne, c'est-à-dire du point de vue du personnage principal, qui apparaît dans pratiquement toutes les scènes. C'est sa réaction aux événements qui leur donne leur importance [...]. J'ajoute que je pense n'avoir jamais dirigé un meilleur acteur que Robert Donat » (lettre au ciné-club de Dartmouth College, 14 mai 1974). *La Citadelle*, film qui n'est pas sans faiblesses, n'en suggère pas moins un parallèle éclairant avec *Le Rebelle*. Le héros, le Dr. Manson, est en effet un jeune médecin idéaliste et altruiste qui se mue en profiteur ou en parasite à la Keating avant de redevenir un rebelle soucieux certes du bien-être de ses frères humains, ou plutôt des progrès de la science, mais en rupture radicale avec l'*establishment* médical et social. Avec Roark, ce héros a en commun l'idéalisme, mais non l'égoïsme. Dans la première partie d'un film en forme de diptyque contrasté, il se dévoue sans compter pour les mineurs gallois et les familles dont il a la charge. Ramenant un nouveau-né à la vie, il fait d'abord figure de thaumaturge, maîtrise une épidémie de typhoïde due à la contamination de l'eau, crée un système de soins coopératifs, mais en poursuivant ses recherches sur la silicose dont les mineurs sont victimes, il s'attire l'hostilité tant des mineurs superstitieux que des autorités, peu soucieuses d'introduire des changements radicaux. Traduit devant une sorte de tribunal populaire, il est acquitté mais préfère démissionner. Dans le deuxième volet du récit, Manson cède peu à peu aux sirènes du confort et du succès, et de médecin des pauvres se fait médecin de riches et oisives malades imaginaires avant de se ressaisir, de revenir à ses recherches et d'être traduit devant ses pairs de Harley Street pour exercice illégal de la médecine (il s'est associé avec un chercheur américain, inventeur d'un traitement révolutionnaire contre la tuberculose, qui, comme Pasteur en son temps, a pour seul tort de n'être pas médecin). Bien éloigné de Roark par le domaine d'activité et par le tempérament, Manson partage avec l'architecte novateur au moins deux traits fondamentaux : dans des circonstances certes très différentes de celles qui prévaudront dans *The Fountainhead* (il détruit les égouts pestilentiels responsables de l'insalubrité de l'eau de la ville, tandis que Roark détruira les H.L.M. qu'il a dessinés et qui ont été modifiés sans son aval), il ne craint pas d'avoir recours à l'*ultima ratio* de la dynamite pour faire valoir un impératif moral à ses yeux supérieur ; de même que Roark sera traduit en justice (et acquitté) pour cette destruction, Manson fait à deux reprises l'objet de procédures visant à l'exclure, d'abord de la part des autorités locales et des mineurs, ensuite de la part de l'ordre des médecins. Dans les deux cas, le héros s'oppose à la fois à la « masse » (celle des mineurs ignorants, dans *La Citadelle*) et aux corps constitués, à un *establishment* arc-bouté sur le maintien de règles surannées et la préservation d'avantages indûment acquis. On pourrait même, en forçant un peu le trait, estimer que *La Citadelle* préfigure, jusqu'à un certain point, la « philosophie » du *Rebelle*, le diptyque tendant à démontrer que Manson est dans son vrai rôle lorsqu'il choisit « égoïstement » d'être chercheur plutôt que de se mettre directement au service de ses patients, quels qu'ils soient.

Évoquant le dynamitage de l'égout parmi d'autres éléments « intrigants » de *La Citadelle*, Durgnat conclut que sous une apparence visuelle plutôt conventionnelle se cache un film « nietzschéen, pessimiste et fou ». *La Citadelle* se révèle alors, de façon inattendue et paradoxale, comme le brouillon de l'œuvre à venir, plus mûre et plus forte – *Le Rebelle* – de même que *So Red the Rose* (1935) s'avère comme une première tentative, nullement négligeable mais moins aboutie, de traiter le thème majeur qui s'épanouira dans *Guerre et paix*.

H.M. PULHAM, ESQ.

Autre film mal aimé ou plutôt méconnu de Vidor qui mérite un réexamen, *H.M. Pulham, Esq.*(1941), sorti en France sous le titre aujourd'hui inusité de *Souvenirs*. Il s'agit ici encore d'une adaptation, cette fois-ci de John P. Marquand, auteur américain qui eut son heure de célébrité pour avoir inventé le personnage de l'agent secret japonais « M. Moto » et pour ses portraits gentiment satiriques de la bonne société bostonienne, nourrie de la lecture d'Emerson et d'un transcendantalisme strictement rituel, vidé de toute substance. La bande-annonce du film met l'accent, avec insistance, sur l'« auteur » J.P. Marquand et sur le succès qu'il avait remporté avec son ouvrage précédent, *The Late George Apley*, que Mankiewicz portera à l'écran en 1947 (le film est ressorti il y a quelques années sous le titre *Un mariage à Boston*). Avec H.P. Pulham, héritier d'une dynastie bostonienne qui a intériorisé la convention sociale au point qu'elle est devenue chez lui une seconde nature (ou plutôt sa « vraie nature »), nous sommes aux antipodes tant de l'« homme ordinaire » qui aspire à sortir de la foule anonyme que du Surhomme version commandant Rogers ou Howard Roark. À quarante ans, Pulham a les traits aimables, sensibles et (malgré le maquillage) juvéniles de Robert Young. Il a une femme, une fille, une maison décorée de gravures dans le style de Hogarth (comme le sera la maison du Dr. Gentry dans *La Furie du désir*), un bureau, une secrétaire, des responsabilités dans la compagnie familiale. À l'instar de celles de Kant ou de Prokofiev, sa vie est réglée à la minute près, y compris les quelques instants de liberté qu'il s'accorde en donnant des noisettes aux écureuils, dans le parc qu'il traverse en allant de son domicile à son bureau. Non seulement la vie, mais les pensées et les désirs de Pulham ont été, dès la plus tendre enfance, façonnés par son milieu social et familial ; il n'a, au sens strict, rien d'original.

Les retrouvailles de Pulham avec un condisciple de Harvard l'engagent dans un récit rétrospectif de cette vie paradigmatique du déterminisme social. De ce récit ressort peu à peu pourtant une évidence cachée : Pulham a connu la tentation de « l'autre », d'un monde qui ne se résume pas à Boston, il a brièvement vécu et travaillé à New York, où il fait la connaissance d'une jeune collègue, immigrée pleine d'ambition et de désir, Marvin Myles (Hedy Lamarr). Les jeunes gens se plaisent, ils s'aiment, la jeune femme n'a pas les scrupules de Pulham, elle parle de désir et de sexualité assez ouvertement. Présentée au milieu bostonien, elle y détonne, mais c'est surtout Pulham qui semble dominé par un surmoi familial auquel il est incapable de résister, pas davantage qu'il ne parvient à imaginer de quitter définitivement Boston. Pulham ressent le désir d'une autre vie, mais s'avère incapable de passer à l'acte. En définitive, une « seconde chance » lui est accordée, il a l'occasion de revoir son amour de jeunesse, à peine changée sous le maquillage ; son émoi est tel qu'après l'avoir aperçue au fond du hall de l'hôtel où ils ont rendez-vous, il s'enfuit. Ils se revoient pourtant, dans sa chambre d'hôtel à elle, Henry est à deux doigts de briser avec la convention bostonienne (et hollywoodienne de 1941), mais rien ne se passe. Harry est récupéré par sa femme qui, sentant néanmoins le risque couru, introduit d'autorité un peu d'imprévu et de « romantisme » dans cette vie de « tranquille désespoir » (Thoreau : « la masse des hommes mènent des vies de tranquille désespoir »).

H.M. Pulham, Esq. apparaît comme le négatif des grands mélodrames vidoriens comme *La Foule*, *Hallelujah*, *Stella Dallas*, *Duel au soleil*, *Le Rebelle*, *La Garce* ou *La Furie du désir*. En profondeur, cela ne tient pas au fait que la « deuxième chance » soit refusée : au mélodrame de l'irréel du passé (genre *Back Street*) aurait pu se substituer un mélodrame du renoncement (genre *Now, Voyager*). Cela tient bien sûr au traitement – plus mélancolique que mélodramatique –, mais davantage encore au fait que ce n'est pas qu'il ne se passe rien, *c'est que tout se passe – et donc rien ne se passe – dans la tête de Pulham*. Le mélodrame, la rupture radicale qu'il implique, sont eux aussi tout intériorisés. Pulham est un héros jamesien, dans la lignée de John Marcher (« La Bête dans la jungle ») ou de Lambert Strether (*Les Ambassadeurs*).

C'est le moment de rappeler ce que Vidor lui-même a dit de son film, déclarations qui éclairent les rapports qui le lient à une œuvre qu'on pourrait – hâtivement – juger impersonnelle (un indice contraire étant la présence au générique de la signature « manuscrite » de King Vidor, comme c'était déjà le cas dans *The Texas Rangers* [1936]). À chaud, d'abord : dans un texte évidemment destiné à promouvoir le film, Vidor, tout en énonçant quelques demi-vérités (il assure que « Hedy Lamarr a toujours été [son] choix » pour incarner Marvin Myles, et prétend que « le sujet [du film] est universel » et qu'« il n'y a rien dans *Pulham* qui n'aurait pas pu arriver dans n'importe quelle partie des États-Unis »), y théorise – pour la première fois ? – son idée de la narration cinématographique à la première personne : « Un film pouvait-il être [comme le roman-source] narré entièrement à la première personne ? Cela voulait dire que dans tout le film il n'y aurait rien qui ne soit vu par Pulham, dont il ne soit le témoin ou dont il ne fasse l'expérience. Nous avons décidé d'essayer. Cela veut dire que Robert Young est présent dans toutes les scènes du film ou qu'il est dans la pièce où chaque scène se déroule. Dans le cas de conversations téléphoniques, on ne voit personne à l'autre bout du fil. On entend seulement ce que Pulham entend. […] Nous avions un autre problème. […] Si un romancier peut écrire ce qu'un personnage pense quand il est seul ou avec quelqu'un d'autre, ne pouvions-nous pas faire la même chose ? C'est ce qui nous a donné l'idée du procédé de la "voix intérieure" qui nous permet de montrer les pensées intimes de Pulham. » (*Lion's Roar*, décembre 1941).

Beaucoup plus tard Vidor, tout en évoquant d'autres choix d'écriture cinématographique (comme la séquence d'ouverture, entièrement faite de gros plans des chaussures et des mains de Robert Young, dont on ne voit jamais le visage, pour évoquer, sur un rythme de métronome, sa routine pareille au tic-tac d'une horloge), confie à Nancy

Dowd que sa principale motivation pour faire le film était l'idée de faire revivre un amour de jeunesse. « C'est un thème qui m'a toujours fasciné. Ça m'est arrivé dans ma propre vie, d'une façon très triste. » Vidor fait-il allusion ici à sa liaison avec Colleen Moore, liaison qui commence lorsque le cinéaste et l'actrice sont bloqués par la neige sur le tournage de *The Sky Pilot* (1921), et qui reprendra plus de quarante ans et plusieurs mariages et divorces plus tard « avec à peu près la même intensité » (selon Charles Higham, *The New York Times*, 3 septembre 1972)? Mais la tristesse semble absente de ce retour de flamme. En tout cas l'attitude de Vidor à l'égard de *H.M. Pulham, Esq.* comme de *La Citadelle* et du *Grand Passage* confirme sa capacité à s'avancer masqué et à s'approprier des sujets qu'il n'a pas initiés.

Chapitre IV

VIDOR ET LE MÉLODRAME

Vidor n'est pas, comme Irving Rapper, Vincente Minnelli ou Douglas Sirk, considéré par les historiens du cinéma comme un spécialiste du mélodrame. Pourtant, en tant qu'héritier et continuateur de Griffith, où que se situent ses films dans la géographie des genres, ils ne sont jamais loin du mélodrame. Chez Vidor, pour reprendre l'expression d'Yves Carlet, « chaque diégèse semble suivre une "pente mélodramatique"[1] », à toutes les étapes de sa carrière : du western (*Duel au soleil*) à la chronique sociale (*Street Scene*), du film de guerre *(La Grande Parade)* au film politique *(Notre pain quotidien)*. Tous ces films recourent aux ressorts dramatiques du mélodrame, mettent au premier plan l'émotion du spectateur, illustrent surtout, dans toutes ses dimensions, le mélodrame comme « forme spécifiquement américaine et démocratique qui recherche la révélation dramatique de vérités morales et irrationnelles à travers la dialectique du pathos et de l'action[2] ». Il semble

---

1. Y. Carlet, « Variation sur deux thèmes ou comment faire vivre les conventions », dans *King Vidor, Odyssée des inconnus, op. cit.*, p. 142.

2. L. Williams, « Melodrama revisited », cité dans J. Mercer et M. Schlesinger, *Melodrama, Mode, Genre, Sensibility*, Londres, Wallflower Press, 2004, p. 88.

donc un peu réducteur de n'envisager la relation de Vidor au mélodrame qu'à travers certains films. On peut cependant considérer comme des paradigmes trois films qui ponctuent trois moments de la carrière du cinéaste : *Stella Dallas* (1937), *La Garce* (1949), et, dans une moindre mesure, *L'Homme qui n'a pas d'étoile* (1955). On ne peut faire l'économie de citer également *La Furie du désir* (1952).

Pourtant, Vidor regarde ces films comme des « tire-larmes » commerciaux et ne leur accorde, quand il réfléchit sur sa carrière avec Nancy Dowd, qu'une fonction : celle de lui donner assez de légitimité auprès des studios pour lui permettre de réaliser des projets plus artistiques [1].

DES FEMMES PUISSANTES

Dans la plupart des mélodrames de Vidor, le personnage féminin occupe le premier plan. Dans le sillage de Griffith et Murnau, la dichotomie entre la *city girl* tentatrice et la jeune fille (ou la femme) de la campagne, porteuse de valeurs traditionnelles, susceptible de soutenir le héros au lieu de le pervertir, demeure bien sûr présente. Elle structure *Hallelujah* comme *Notre pain quotidien*. Cependant, cette alternative n'épuise pas la richesse du rapport au féminin que l'on trouve dans l'œuvre de Vidor. Il faut d'abord noter le rôle moteur du personnage féminin dans un film comme *So Red the Rose* (1935) ou dans *Le Retour de l'étranger* (1933), évoquer également la place privilégiée dans *Guerre et paix* de Natacha, personnage que Vidor définit comme l'*anima* [2] du film. La complexité du féminin, son évolution, la palette complète d'expressions et d'attitudes qui lui sont

1. N. Dowd, *Interview* cit., p. 126-127.
2. K. Vidor, « Transforming Tolstoy », *New York Times*, 12 août 1956.

assignées par les scénarios de Vidor conduisent le cinéaste, même quand il s'attaque au mélodrame, à dépasser les limites traditionnellement assignées au « film de femme » qui désigne, plus précisément, le film « pour » femmes dans la nomenclature hollywoodienne. Comme le souligne Stanley Cavell, il faut nuancer un peu, cependant, la destination du film de femmes, qui, dans la réalité de la consommation familiale du cinéma, ne s'adressait pas à un public exclusivement féminin [1].

Christian Viviani, soulignant ce qu'il appelle le « penchant pour le féminin [2] » de Vidor, note très justement que chacun de ses personnages féminins lui permet de réinventer le film de femme. Sans réfuter les codes, voire les conventions du cinéma classique, Vidor les infléchit au profit de la singularité des personnages au point que le style du film, son rythme, sa couleur, s'adaptent à la personnalité de Rosa Moline ou de Stella Dallas.

On trouve dans *La Garce*, comme dans *L'Homme qui n'a pas d'étoile*, des illustrations caractéristiques de ce traitement du féminin. *La Garce* pourrait ne constituer qu'une variation de plus sur le thème de Madame Bovary. Interprété par Bette Davis, le personnage de Rosa Moline, comparé à un scorpion dans le premier carton du générique, illustre le versant le plus négatif du féminin. Épouse du modeste docteur Moline, tout dévoué à ses patients, Rosa s'ennuie à périr dans la petite ville de Loyalton. Elle est la maîtresse du riche et puissant Neil Latimer, dont elle partage aussi le goût de la chasse et de l'indépendance.

---

1. S. Cavell, *La Protestation des larmes. Le mélodrame de la femme inconnue*, p. 305.

2. C. Viviani, « Stella, Rosa, Ruby, victime consentante, garce et exilée : King Vidor et le *women's picture* », dans *King Vidor, Odyssée des inconnus, op. cit.*, p. 151-157.

Un seul rêve pour Rosa : trouver à Chicago une ville à la hauteur de sa personnalité exceptionnelle. Enceinte, Rosa, après une désastreuse tentative de fugue à Chicago, se jette du haut d'une colline pour avorter, et meurt d'une septicémie, dans son village désert, en tentant de gagner la gare. Le bruit des trains et l'image des roues, qui vient se surimprimer à la traversée de la ville par une Rosa cadavérique, rythment le film, qui tient autant de la chronique que du mélodrame. La puissance insolente de Rosa Moline transcende l'univers socialement contraint du mélodrame classique.

Une semblable énergie, portée par le jeu de Barbara Stanwyck, illumine tous les plans de *Stella Dallas*. Fille d'ouvrier mariée à Stephen Dallas, directeur de l'usine où travaille sa famille, Stella semble renoncer très vite à se conformer aux codes sociaux de la bourgeoisie dont son mariage semble lui avoir ouvert les portes. L'ambition d'ascension sociale ne suffit pas à satisfaire Stella, et elle abandonne rapidement toute tentative de rejoindre une société qui regarde avec mépris sa spontanéité et ses amitiés. Désireuse néanmoins d'offrir à sa fille Lauren une chance d'épouser l'héritier de la famille Grosvenor, Stella choisit de s'effacer. Quand elle assiste, depuis la rue, au mariage de sa fille, qu'elle regarde à travers la baie vitrée du salon de Stephen Dallas et de son épouse, la très respectable Mrs. Morrison, qui occupe la place de la mère de Lauren, Stella accomplit le sacrifice maternel absolu, et marche bravement vers la caméra avec un sourire énigmatique.

La force vitale des personnages s'exprime à la fois dans leur liberté de conduite, dans leurs goûts, voire dans leur comportement un peu androgyne. Stella entretient avec Ed Munn une relation qui relève plus de la camaraderie virile que de l'amitié amoureuse. Vertueuse malgré la séparation, elle ne cherche pas d'autre partenaire. *Stella*

Dallas, comme *Le Champion* (1931), raconte un sacrifice parental. Dans *Le Champion*, Wallace Beery, boxeur un peu véreux qui élève seul un fils qui lui voue une admiration éperdue, décide de remonter sur le ring, au péril de sa vie, pour répondre à cette admiration. En mourant, il donne à son fils une chance de connaître une vie meilleure auprès de sa mère, mariée à un homme d'affaires, qui le réclame. Dans *Stella Dallas*, c'est le personnage féminin qui renonce à ses prérogatives maternelles.

La réversibilité des deux diégèses, tournées à six années de distance, apprend plus sur le traitement par Vidor des personnages féminins que sur l'imagination parfois limitée des scénaristes de mélodrame. Chez Vidor, féminin et masculin se révèlent interchangeables, le genre n'assigne pas forcément le personnage à un destin ou à une attitude prédéterminée.

De même Rosa, autoritaire, assez froide, témoigne autant de mépris pour les mères de famille de la ville que d'aptitude à tenir un fusil, à boire et jouer au billard avec Neil Latimer, et surtout à satisfaire son désir physique. Ce qui relie *La Garce* à *La Furie du désir* ou à *Stella Dallas*, mais qui, plus largement, caractérise les personnages féminins de Vidor, tient en effet à leur capacité à manifester de manière explicite leur désir, voire leurs pulsions. Les attitudes physiques des femmes, parfois violemment érotisées, dessinent des personnages dominants, dotés de caractères autoritaires, organisant leur relation avec les personnages masculins sur le mode de l'affrontement physique. L'amour, chez Vidor, s'affranchit des codes du romantisme. On pense à Patricia Neal, qui, dans *Le Rebelle*, campe un personnage de femme indépendante et farouche. Son amour pour Howard Roark s'exprime de manière sauvage : métaphore explicite des explosions dans la carrière où travaille Howard, qui réveillent Dominique et la sortent du lit, chevauchée farouche de la jeune femme soucieuse de se délivrer de l'amour comme d'une obsession, accès d'autorité, voire de violence, matérialisé par le coup de cravache dont elle barre furieusement le visage de Gary Cooper. Le même coup de cravache cingle le visage de Kirk Douglas lors de la rencontre entre Dempsey Rae et Reed Bowman (Jeanne Crain) dans *L'Homme qui n'a pas d'étoile*. Le désir physique, qui, dans le cinéma de Vidor, se manifeste le plus souvent dans des décors extérieurs (la carrière, les marais de *La Furie du désir*, le ranch de Reed Bowman), relie les personnages à la nature, les délivre même du carcan social, voire civilisé, qui les emprisonne pour laisser libre cours à la violence qui les anime.

Il serait simpliste de ne voir là qu'une manifestation d'on ne sait quelle hystérie féminine. Au contraire, l'expression de leur désir tend à viriliser les personnages féminins. Les premiers plans de *La Furie du désir* sont révélateurs. Avant le flash-back qui raconte l'histoire de Ruby, un plan, commenté par le docteur Manfred, la montre sur le bateau de pêche aux crevettes devenu son refuge, le dernier domaine qu'elle dirige. Dans la pénombre d'une image délibérément assombrie, le spectateur devine une silhouette vêtue d'un jean informe et d'un pull à col roulé, semblable aux autres marins de son équipage. Cette tenue, qui pourrait caractériser la silhouette d'une Ruby que ses dramatiques aventures ont maintenant délivrée du désir, rejoint en fait celle dans laquelle le personnage apparaît dans le film. Le docteur la découvre un soir, sur le perron d'un pavillon de chasse, vêtue également d'un jean et d'une veste. Cette première apparition n'est toutefois pas dénuée d'ambiguïté. Adossée à la porte de la maison de son père, Ruby y reprend la pose caractéristique des *pin up* des années cinquante et leur *contrapposto*, ce que ne manque pas de souligner le sifflement admiratif du médecin qui découvre sa silhouette, ou, pour reprendre le mot de Gentry, son « anatomie ». Tout ensemble masculine et féminine, Ruby joue à la fois la carte du pouvoir, et celle du désir. On la retrouve dans le même costume quand elle se décide à rejoindre Boake Tackman dans les marais. La dimension presque virile que souligne le costume de Ruby, très accentuée quand arrive la fin du film, où la jeune femme semble transformée en marin, ne traduit pourtant pas forcément une évolution radicale du personnage, elle souligne l'ambivalence fondamentale de l'érotisme vidorien, fait à la fois de séduction et de puissance, reprenant pour les mêler les codes des genres (au sens de *gender*), dont Vidor affranchit les personnages féminins.

Cette image n'est pas très éloignée de celle de Rosa Moline lors de la partie de chasse tragique où elle se débarrasse de l'importun Moose Lawson, bien décidé à faire obstacle à ses projets de fuite. Elle fait écho aux plans où Reed Bowman apparaît enfin dans *L'Homme qui n'a pas d'étoile*. L'une des premières images que le spectateur perçoit de cette femme, ce sont ses bottes de cow-boy, solidement campées dans la carriole qu'elle conduit d'une main ferme et gantée.

Paradoxe du désir tel que l'exprime Vidor, il ne cantonne pas la femme aux stéréotypes du féminin, mais la rapproche du masculin. C'est d'abord que l'audace de son expression frappe les spectateurs, mais aussi qu'elle institue une égalité entre les personnages féminins et masculins. On pourrait considérer cette inversion des genres comme une sorte de pied de nez au fameux code Hays d'autocensure qui réglemente la représentation de l'érotisme dans la plupart des films classiques hollywoodiens. Après tout, les dialogues

à double sens, les allusions sexuelles plus ou moins
détournées ponctuent les films classiques, prononcés le
plus souvent par les personnages masculins, qui, en
brandissant ostensiblement colts et fusils, ne sont en pas
en peine d'exhiber leur virilité. Vidor permet simplement
aux personnages féminins de rendre perceptibles leurs
pulsions en empruntant à la gestuelle et au costume
masculins les attributs du désir. Cette dimension charnelle,
et surtout la frontalité de son expression, constitue à n'en
pas douter l'un des apports essentiels de Vidor au mélodrame
classique.

DES FILMS AU CŒUR DU DÉBAT CRITIQUE

Après plus de cinquante ans, il apparaît aujourd'hui
clairement que la fortune critique des mélodrames de Vidor
dépasse assez largement la considération que leur a portée
leur auteur, et le jugement critique contemporain de leur
sortie. *Stella Dallas*, en particulier, présente toutes les
caractéristiques d'un mélodrame classique. Le roman
d'origine, qui inspira d'abord un scénario à Frances Marion
pour un film d'Henry King en 1925 (*Le Sublime Sacrifice
de Stella Dallas*), appartient à l'œuvre d'Olive Higgins
Prouty. Née en 1882, elle est aussi l'auteur de la saga de
la famille Vale, dont *Now, Voyager* constitue le troisième
tome. Adapté par Irving Rapper avec Bette Davis en 1942 [1],
le film représente l'archétype du mélodrame, emblématique
du genre. *Stella Dallas* n'est pas en reste, mais ce roman
de 1923, qui apporta à son auteur succès et notoriété,
témoigne aussi de subtilité, quand il scrute les ambivalences
et les complexités de la condition féminine. L'origine
littéraire de *Stella Dallas*, et la personnalité de son auteur,

1. Sous le titre français *Une femme cherche son destin*.

plus complexe qu'il n'y paraît[1], expliquent le destin tout particulier de ce film, qui a donné lieu à de multiples interprétations.

Stella Dallas, qui valut à ses deux actrices principales une nomination aux Oscars pour l'année 1937, a surtout placé Vidor au centre de la théorie féministe, comme des études de genre, depuis la fin des années quatre-vingt. C'est un article d'Ann Kaplan[2] qui place le personnage de Stella sous les feux des projecteurs, et la transforme en figure de proue de la théorie féministe du cinéma. Condamnée d'avance par ses origines prolétaires, Stella est abandonnée par son mari peu après la naissance de sa fille. Incapable de se conformer aux codes sociaux de la bourgeoisie, Stella est en butte à la désapprobation des institutrices bien pensantes de sa fille Lauren et des parents des amis de celle-ci. Rapidement, la jeune femme est condamnée à la solitude, et son statut de victime s'exprime de manière spécialement pathétique lors de la séquence finale du film. Seule sous la pluie, petite silhouette abandonnée qui tord son mouchoir devant la baie vitrée de la maison de Stephen, Stella assiste en anonyme au mariage triomphal de sa fille, qui entre sans elle dans l'aristocratie du Massachusetts. L'article d'Ann Kaplan

1. Olive Prouty, qui fut étudiante à Smith College, connut par deux fois la dépression nerveuse et eut recours à la psychanalyse (la métamorphose de Charlotte Vale dans *Now, Voyager* comporte de nombreux éléments autobiographiques). Présidente de la commission qui a permis à Sylvia Plath d'étudier la littérature américaine, elle a, toute sa vie, témoigné à son égard d'un soutien sans faille. Elle s'est également engagée, pendant toute sa carrière, en faveur des femmes écrivains.

2. E. Ann Kaplan, « Mothering, Feminism and Representation : The Maternal in Melodrama and the Woman's Film, 1910-40 », *in* C. Gledhill (dir.), *Home Is Where the Heart Is : Studies in Melodrama and the Woman's Film*, Londres, BFI Publishing, 1987, p. 113-137.

voyait en *Stella Dallas* le paradigme du sacrifice maternel dans le cinéma hollywoodien « pour femmes » : un cinéma qui utilise les codes du mélodrame, la puissance du pathétique et la force de l'émotion pour emporter l'adhésion des spectatrices, susciter le renoncement volontaire du public féminin, qui abandonne le pouvoir au paternalisme triomphant et accepte comme signe du destin son asservissement économique et social. Stella devient alors le symbole même de la malédiction féminine.

L'article d'Ann Kaplan se trouve complété, et nuancé, par le texte que Linda Williams consacre en 1991 à *Stella Dallas* : « autre chose qu'une mère [1] ». L'auteur y insiste sur la multiplicité des points de vue qui s'expriment à travers le récit, reconnaissant aussi la faiblesse du personnage de Stephen, sans remettre en question l'interprétation du dénouement proposé par E. Ann Kaplan. L'idée que Stella est aussi « autre chose qu'une mère » fera cependant son chemin.

Le débat critique adjoint à *Stella Dallas* d'autres films de Vidor, et notamment *La Garce*. Vidor, cinéaste du désir féminin, devient le thuriféraire de la domination masculine. Ainsi se lit le destin de Rosa Moline, condamnée pour avoir refusé de se conformer aux stéréotypes féminins, transformée littéralement, notamment à travers sa coiffure et son maquillage, en gorgone, femme serpent aux yeux menaçants, au port méprisant, condamnée à mort par son refus de la maternité et de la soumission. C'est aller un

---

1. L. Williams, « "Something Else Besides a Mother" : *Stella Dallas* and the Maternal Melodrama », *Cinema Journal*, vol. 24, n° 1 (automne 1984), p. 2-27 ; repris et traduit dans N. Burch, *Revoir Hollywood. La nouvelle critique anglo-américaine*, Paris, Nathan, 1993, p. 46-74.

peu vite en besogne, cependant. Dans un article de 1974 [1], Christian Viviani avait souligné l'empathie manifestée par le point de vue de Vidor avec le personnage de Rosa Moline. Dans ce portrait de l'Amérique rurale, où la sexualité, cachée, explose sur le visage et le corps de l'héroïne, Rosa demeure l'unique personnage en mouvement dans un monde figé et conformiste.

DES FEMMES INCONNUES

Linda Williams, suivie depuis par de nombreux critiques, n'a pas manqué de remarquer à quel point les rôles masculins, dans les mélodrames de Vidor, ne se conforment pas à l'image de virilité, de puissance, d'autorité que supposerait ce modèle paternaliste évoqué par la critique féministe. Déclassé par la faillite de sa famille, évoquée à travers un article de journal dans lequel s'absorbe, au cours des premiers plans du film, la jeune Stella, Stephen Dallas demeure, tout au long du film, assez effacé, et fait preuve de plus d'accablement que d'autorité. De même Lewis Moline, s'il n'a pas l'incompétence de Charles Bovary, partage pourtant avec le personnage de Flaubert une forme de naïveté, de soumission au destin que souligne le film. À l'inverse de Rosa, Lewis s'accomplit dans le soin : il nourrit sa femme, organise la maison, met au monde les enfants des habitants de Loyalton ; encore une fois, Vidor ose l'inversion des attributs traditionnels des genres. Dans une moindre mesure, on retrouve trace de ce procédé dans *Guerre et paix* et *Salomon et la reine de Saba*, où les personnages masculins sont plus caractérisés par le doute que par le sens de l'action, tandis que les personnages

1. C. Viviani, « *La Garce* ou le côté pile », *Positif* n° 163, novembre 1974, p. 51-54.

féminins agissent, y compris sous l'effet d'une impulsion soudaine.

L'analyse de ces signes conduit à nuancer l'idée que le mélodrame vidorien légitimerait l'asservissement du féminin au masculin. Le débat rebondit en effet lorsque, dans *La Protestation des larmes*, Stanley Cavell conteste radicalement la critique féministe de *Stella Dallas* en avançant le concept de mélodrame de la femme inconnue. Le philosophe américain conduit son analyse à partir des derniers plans du film. Au lieu de centrer son propos sur l'image de Stella assistant en spectatrice au mariage de sa fille, il insiste sur la marche finale du personnage vers la caméra, et le sourire étrange qu'elle lance au spectateur. Pour Cavell, tout laisse à penser que Stella n'a pas tout perdu, lorsque le mot fin s'inscrit sur l'écran. Cavell envisage le film comme un récit d'apprentissage, dont l'enjeu est à la fois la connaissance et la reconnaissance. Élaborée parallèlement au genre de la « comédie du remariage », la catégorie de mélodrame que Cavell désigne comme « de la femme inconnue[1] » regroupe cinq films hollywoodiens aux caractéristiques communes : tous mettent en scène une femme adulte en butte à un questionnement. Il s'agit, pour le personnage féminin, de savoir si l'homme qui est, ou qui, selon le film envisagé, pourrait être à ses côtés, est indispensable à son accession à la connaissance et à la reconnaissance. À cette question, la réponse est positive dans la comédie du remariage, et induit un nouveau consentement, où la femme choisit de rester avec son

---

1. « Melodrama of the unknown woman », concept développé dans *La Protestation des larmes*, et dont (malgré l'écho de la *Lettre d'une inconnue* d'Ophuls), il faudrait peut-être nuancer la traduction, l'adjectif « unknown » ayant ici plutôt le sens de méconnue, ou non reconnue, qui correspond mieux à la définition proposée par Cavell.

époux, elle est négative dans le mélodrame de la femme inconnue, dont le dénouement conduit le personnage féminin à prendre conscience de son aptitude à obtenir la reconnaissance qu'elle recherche sans l'aide d'un homme à ses côtés. C'est ainsi que Charlotte Vale, dans *Une femme cherche son destin*, abandonne l'espoir d'épouser Jerry, que la lettre de Lisa, que le pianiste Stefan Brand reçoit alors que l'héroïne de *Lettre d'une inconnue* est décédée, atteste la capacité de cette femme à vivre intensément seulement avec l'idée d'un homme rencontré pendant quelques soirées furtives. De même que Lisa n'ouvre jamais les yeux de Stefan, ne prend pas l'initiative de le revoir, de même, pour Cavell, il n'est pas, pour Stella Dallas, question de renoncement. Stella ne cède pas de terrain, ne s'avoue pas vaincue par la fatalité sociale ou la médiocrité de sa condition. Cette femme vulgaire, vêtue, comme dit l'un des brillants amis de sa fille Lauren, comme un sapin de Noël, cette fille d'ouvrier qui ne rêvait que de vivre « comme les personnages du film » qu'elle va voir avec Stephen au cours de leur première soirée, n'a pas renoncé à ses rêves de décence bourgeoise. En tant que styliste de l'impeccable garde-robe de sa fille, Stella se voit décerner un brevet de bon goût, y compris par Mme Morrison, la future épouse de Stephen. Ses propres choix vestimentaires, qui abondent en dentelles et en ornements, ne relèvent donc pas de l'inaptitude à se conformer aux standards vestimentaires de la bonne société. Stella n'a pas échoué, mais refusé d'essayer, décidant, au tournant du film où elle choisit de rendre sa liberté à Stephen afin de lui permettre d'épouser Helen Morrison, que les conditions de son émancipation ne tenaient ni à son aptitude à adopter les codes de la bourgeoisie de Nouvelle-Angleterre, ni à la démonstration de son amour maternel. Confier

Lauren à la nouvelle épouse de son père, puis à ce fiancé
au nom à consonance aristocratique, parfaitement similaire
à tous les jeunes gens qu'il fréquente, et parmi lesquels
Lauren souhaitait tant trouver sa place, c'est choisir d'être
« autre chose que [seulement] une mère ».

DES RÉCITS D'APPRENTISSAGE

Les autres personnages féminins des mélodrames de
Vidor témoignent également de cette aspiration, informulée,
mais clairement suggérée par le geste de Dominique Francon
lors de sa première apparition dans *Le Rebelle*. « N'aimer
rien, n'être attachée à rien, ne dépendre de rien [1] ». Ces
mots pourraient se retrouver sur les lèvres de Ruby Gentry,
de Reed Bowman, ou, un peu différemment, de Rosa
Moline. La quête des personnages féminins porte
essentiellement sur la liberté, l'accession à l'émancipation.
La réussite matérielle ou sociale les laisse toujours
insatisfaites, manifestant à quel point le véritable enjeu est
ailleurs. Robert Lang [2], dans son étude sur le mélodrame
américain, souligne l'omniprésence des écrits, journaux,
magazines, livres, dans *Stella Dallas*, comme si la question
de l'apprentissage était au centre du projet du personnage,
constituant le cœur du film de Vidor. L'accession à la
culture de l'écrit vient ici métaphoriser l'émancipation
recherchée par le personnage, et trouvée dans son geste
final, où elle s'affirme irréductible à quelque rôle familial
ou social que ce soit. Cette femme inconnue que le film

1. C'est ainsi que la jeune femme explique le geste inaugural de son
personnage dans le film : jeter par la fenêtre une statue à laquelle elle se
juge trop attachée.
2. R. Lang, *Le Mélodrame américain : Griffith, Vidor, Minnelli*,
Paris, L'Harmattan, 2008.

travaille à révéler, qui se dévoile à travers ses choix radicaux, est en effet toujours une femme « en apprentissage ». Dans un article qu'il consacre à *La Garce*, Laurent Jullier définit même le film comme une « leçon de vie [1] ». La fonction du mélodrame serait alors de délivrer à la spectatrice, à travers l'expérience de Rosa ou de Stella, une sorte de contre-exemple, illustrant à la fois l'aspiration et la maladresse, approuvant en quelque sorte les désirs des personnages, mais soulignant à quel point les moyens employés (costume, attitude) les conduisent à l'échec. De fait, ce qui réussit aux personnages féminins de Vidor n'est pas, ou du moins pas toujours, l'accomplissement d'une volonté ou d'une ambition (au sens moral du terme), et le mélodrame ne délivre pas vraiment de leçon. Si le film est un maître, et si, par voie de conséquence, ses protagonistes peuvent être regardées comme des guides, il est un « maître ignorant [2] », laissant le spectateur sur le mystère du sourire de Stella, sur la déception de Reed Bowman, la mort de Rosa. En ce sens, la démarche du mélodrame, illustrée par la volonté farouche des héroïnes vidoriennes, consiste plus à accompagner une recherche, à entraîner les spectateurs dans un cheminement qu'à leur délivrer, même en creux, un message. Dans cette recherche, cette démarche de perpétuelle avancée, les héroïnes des mélodrames vidoriens rejoignent leur auteur, dont les ouvrages autobiographiques autant que les entretiens dessinent l'image d'un homme en perpétuelle quête de sens, d'un cinéaste toujours en mouvement.

---

1. L. Jullier, « *La Garce* : une Emma Bovary sans excuses ? », dans *King Vidor, Odyssée des inconnus, op. cit.*, p. 95-101.

2. L'expression est ici empruntée à Jacques Rancière, *Le Maître ignorant*, Paris, Éditions 10/18, 1987.

CHAPITRE V

ETHNICITÉ ET SEXUALITÉ :
HALLELUJAH, DUEL AU SOLEIL

L'œuvre de Vidor offre un terrain de choix aux analyses d'inspiration anglo-saxonne menées à partir des concepts de classe sociale (*class*), d'identité sexuelle (*gender*) et d'ethnicité (*race*). Ces analyses, pratiquées par des critiques féministes comme Laura Mulvey ou Linda Williams, ainsi que par Noël Burch ou Stanley Cavell, ont conduit à un réexamen et parfois à une réévaluation radicale de mélodrames féminins comme *Stella Dallas, La Garce* ou *Duel au soleil*[1]. Le thème de l'ethnicité et son traitement par Vidor ne sont pas moins pertinents, et il est logique de les aborder à partir de *Hallelujah* (1929). On se souvient que ce film, le premier ouvrage parlant de Vidor, est aussi

1. Pour Laura Mulvey, la présence de Pearl Chavez (Jennifer Jones) comme personnage central de *Duel au soleil* fait de ce western un mélodrame, et l'amène à nuancer et à préciser sa théorie sur la masculinisation du point de vue spectatoriel dans le cinéma hollywoodien (*Visual and Other Pleasures*, Bloomington et Indianapolis, Indiana University Press, 1989); quant à Noël Burch, il s'interroge sur « un paradoxe de taille » : comment « l'un des auteurs les plus conservateurs d'Hollywood », qui a signé « des films qu'on peut qualifier de fascisants », surtout *Le Rebelle*, peut-il être « aussi l'un de ceux dont les mélodrames féminins accordent un véritable espace de parole aux femmes » ? (*Revoir Hollywood. La nouvelle critique anglo-américaine*, Paris, Nathan, 1993).

le premier ou presque à Hollywood à avoir situé son action entièrement dans un milieu noir américain et à avoir une distribution entièrement afro-américaine. Jusqu'alors et souvent depuis, le cinéma hollywoodien n'offrait et n'a offert aux acteurs noirs que des rôles secondaires, notamment dans un registre comique lourdement stéréotypé, tandis qu'existaient, mais en marge du système, des *race movies*, films à la distribution entièrement noire, réalisés soit par des Noirs (dont le plus connu fut Oscar Micheaux) soit par des Blancs (comme *Moon over Harlem* d'Edgar Ulmer), et qui étaient destinés à un public lui aussi exclusivement noir. *Hallelujah* est donc un projet qui n'allait pas de soi, et Vidor s'est battu pour le mener à bien, acceptant que son salaire soit investi dans l'entreprise. Une certaine vogue des musiques noires, coïncidant avec les possibilités offertes par le parlant, permettait raisonnablement d'envisager le succès, comme le prouve la manière dont Vidor a recruté ses acteurs, dont aucun n'avait joué au cinéma auparavant, mais dont plusieurs étaient musiciens (notamment des chanteurs) et avaient enregistré des disques, et comme le confirme le fait que dans les décennies suivantes, c'est souvent en tant que musiciens que des Noirs parvinrent à se faire peu à peu une (modeste) place dans des productions hollywoodiennes.

Hallelujah s'ouvre sur la description de la récolte du coton dans le champ familial. Zeke et son frère sont envoyés à la ville pour vendre la récolte mais ils se laissent dépouiller de leur gain par l'aguichante Chick et son souteneur, le joueur professionnel Hot Shot ; dans la bagarre, le frère de Zeke est tué. Lors des obsèques de son frère, Zeke a une sorte d'illumination, il se convertit et devient prédicateur. Ses sermons enflammés opposent le train express qui mène en enfer et celui qui, s'arrêtant successivement à la Foi, à l'Obéissance et au Repentir, mène au salut. (On note au passage qu'on a affaire à une sorte de version modernisée du *Voyage du pèlerin*, récit allégorique du Puritain anglais John Bunyan.) Sous l'effet de la prédication de Zeke, Chick se convertit à son tour et reçoit le baptême par immersion, mais elle entraîne bientôt Zeke dans une relation passionnelle où le désir sexuel, stimulé par la ferveur religieuse, semble se confondre avec celle-ci. Zeke abandonne son ministère et travaille dans une scierie. Chick s'ennuie et renoue avec Hot Shot. Les amants sont poursuivis par Zeke à travers un marécage. Victime d'un accident, Chick meurt dans les bras de Zeke, qui étrangle Hot Shot. Zeke passe quelque temps au bagne, puis revient à sa famille et retrouve Missy Rose, sa sœur adoptive et tendre fiancée dont sa liaison passionnée avec Chick l'avait éloigné.

Comme tant de mélodrames – et de films de Vidor – *Hallelujah* a, on le voit, une forme cyclique : le cycle naturel des saisons reprend son cours (l'image de la récolte du coton clôt le film comme elle l'avait commencé) et Zeke lui-même revient à sa famille. Mais ce retour n'est paradoxalement possible que parce que Zeke est passé par le feu des épreuves, des tentations, des pulsions les plus extrêmes, exaltation mystique, passion charnelle, homicide. C'est sans doute une des clés de l'œuvre que cette réconciliation globale entre l'attrait de Vidor pour les excès et ce que Michel Delahaye a appelé la sagesse du cinéaste.

On a vu que *Hallelujah* enthousiasma la critique européenne. Qu'en est-il de la réception aux États-Unis ? À New York, la presse est d'abord frappée par le fait que la première du film ait lieu simultanément, le 20 août 1929, dans un cinéma d'exclusivité de Times Square, l'Embassy, et dans un cinéma de Harlem, le Lafayette, où se rendent plusieurs critiques blancs qui observent les réactions enthousiastes mais aussi amusées du public sophistiqué de Harlem, qui ne se reconnaît pas dans ces personnages typiques d'un Sud rural et primitif. La critique est à peu près unanime dans son éloge des interprètes, des qualités picturales, dramatiques et musicales du film. Parfois plus réservée sur le scénario, jugé épisodique, elle procède aussi à des comparaisons avec les rares pièces de théâtre traitant des sujets noirs de façon sérieuse, comme *Porgy* de DuBose et Dorothy Heyward et *L'Empereur Jones* de Eugene O'Neill, et félicite Vidor, qui a écrit le sujet, de rompre avec la convention hollywoodienne consistant à montrer les Noirs exclusivement sous un jour comique. Les critiques les plus enthousiastes réagissent de façon très comparable à leurs homologues de *La Revue du cinéma* : ils citent les morceaux de bravoure, le dancing, les funérailles du jeune frère, le rassemblement religieux et le baptême par immersion, la poursuite dans le bayou, et louent Vidor d'avoir su peindre l'âme noire, « la ferveur et la frénésie de la dévotion noire » (George Gerhard dans le *World* du 25 août). Comme la critique française, Gerhard estime que Vidor, dans cette manière de dépeindre une âme collective, a quelque chose de la manière russe ; pour lui, Vidor est l'inventeur d'un nouveau style cinématographique, équivalent du vers libre en poésie. Pour Welford Beaton, la séquence du marais est la meilleure jamais réalisée par un cinéaste américain, et *Hallelujah* « un magnifique poème du Sud, à la fois dramatique et pictural » (*The Film Spectator*, 2 novembre). De même Richard Watts Jr., qui est tenté de voir dans *Hallelujah* « le meilleur film américain depuis *Les Rapaces* [d'Erich von Stroheim] », en tout cas un ouvrage aussi puissant que *Le Cuirassé Potemkine*, loue, comme le fera Brasillach, sa maîtrise des nouvelles techniques sonores, et qualifie le film de « symphonie du Noir dans le Sud » (*Tribune*, 21 août).

Depuis lors, comme on peut l'imaginer, Vidor n'a pas échappé à l'accusation de paternalisme dont Creighton Peet l'absolvait explicitement, réservant ses flèches à la « condescendance insultante et paternaliste » des jeunes élites blanches qui vont chercher des émotions fortes à Harlem (*New York Post*, 20 août). Accusation aggravée par les déclarations de Vidor, né et élevé dans le Sud, expliquant non sans candeur que de longue date, il avait voulu consacrer un film aux Noirs du Sud, dont il appréciait tant la ferveur religieuse que l'honnête franchise de leurs appétits sexuels, qu'il avait eu une nounou noire et qu'il avait souhaité lui dédier *Hallelujah*. Il était donc aisé d'assimiler l'attitude de Vidor à celle habituelle aux sudistes assurant qu'à la différence des Blancs du Nord, ils connaissaient les Noirs et vivaient en bonne entente avec eux. Comme le note Charles Silver [1], ce qui aggrave le cas de Vidor est la reprise de stéréotypes similaires dans *So Red the Rose* (1935), film historique dont l'action est située pendant la guerre de Sécession, qui s'ouvre sur des images de la récolte du coton très semblables à celles d'*Hallelujah* et dans lequel Daniel L. Haynes, l'interprète de Zeke, joue le rôle d'un esclave loyal qui, après la proclamation de la libération des esclaves, met fin à la révolte de ceux-ci, qu'il convainc de rester fidèles à leur maître : le stéréotype reparaîtra dans *Autant en emporte le vent*.

Inutile de prolonger le débat : oui, l'attitude de Vidor à l'égard des Noirs était empreinte d'une forme de paternalisme. Le cinéaste était, selon le mot de Frank Manchel, « un poète animé de bonnes intentions »,

---

1. *Program notes* du MoMA, 15 juin 2010.

nullement un militant des droits civiques[1]. Il partageait les préjugés de la grande majorité de ses contemporains blancs, des deux côtés de l'Atlantique : certains des critiques que nous avons cités parlent de façon insultante de *darkeys* au lieu de Noirs, ou recourent au stéréotype essentialiste (qui se veut élogieux) en évoquant « la race la plus émotive de la terre ». À la même époque, Élie Faure n'agit pas très différemment lorsqu'à la suite de Gobineau, il distingue « trois formes d'art essentielles » correspondant aux trois races, la noire, la blanche et la métisse jaune ou rouge issue des deux précédentes. La forme d'art propre aux Noirs est marquée par « les préoccupations rythmiques qui sont à l'origine même de l'œuvre d'art » et par « son refus obstiné d'imitation pure et simple ». La « décadence du rythme » caractérise l'art européen, la « renaissance du rythme » s'effectuant par le biais de la machine et du cinéma, notamment musical[2]. Ces classifications pseudo-scientifiques, ces clichés essentialistes nous paraissent aujourd'hui des élucubrations, et leur formulation souvent intolérable, mais c'est là le résultat d'une prise de conscience graduelle et d'une (relative) évolution des représentations. Certains de nos propres clichés, qui nous paraissent des évidences, choqueront les générations à venir.

La remarque s'applique, de façon comparable, aux accusations de racisme et de génocide souvent portées contre le traitement des Indiens Abénakis dans *Le Grand Passage*, par exemple par Jean-François Rauger dans *Le Monde* des 23-24 septembre 2012 : celle de racisme,

1. Voir l'entretien de Frank Manchel avec Vidor dans son ouvrage *Every Step a Struggle : Interviews with Seven Who Shaped the African-American Image in Movies*, Washington, New Academia Publishing, 2007.

2. « Affinités géographiques et ethniques de l'art », 1935.

impossible à contester, concerne une très grande partie de la littérature westernienne et plus généralement des récits guerriers, depuis des temps immémoriaux, tandis que celle de génocide est, à strictement parler, anachronique. Sur ce point, Vidor plaide avec pragmatisme et lucidité les circonstances atténuantes, déclarant à Nancy Dowd : « à l'époque, notre conscience politique était moins aiguë ».

SURVIVANCES PAÏENNES : *L'OISEAU DE PARADIS*, *SALOMON ET LA REINE DE SABA*

Pour la majorité des commentateurs (y compris les auteurs du présent ouvrage), les formes exaltées voire hystériques de pratique religieuse décrites dans *Hallelujah*, ainsi que leur lien avec la pulsion érotique, fondent l'intérêt même et la puissance du film. Que dans l'imaginaire vidorien, ou plus généralement cinématographique, ces formes ne soient pas exclusives aux Noirs du Sud rural où a grandi Vidor est attesté par leur résurgence spectaculaire dans deux autres films du cinéaste. Production Selznick pour la RKO, *L'Oiseau de paradis* (1932) est un film mineur, mais non dénué de charme. Le scénario est celui souvent repris d'une idylle polynésienne entre un marin américain et une belle vahiné, dans la tradition du récit autobiographique de Melville *Typee* ; idylle ici vouée à une fin tragique, comme dans *Tabou* de Murnau et Flaherty (où les amants sont tous deux des indigènes). Le film est intéressant par les libertés que son cadre exotique lui permet de prendre avec les interdits du Code (pas encore, il est vrai, appliqué avec rigueur). La nudité de Dolores del Río, la très belle actrice mexicaine souvent vouée aux rôles d'Indienne, mais aussi celle de l'athlétique Joel McCrea, s'affichent sur l'écran avec une authentique sensualité qui rend crédible une intrigue schématique : la vierge promise au roi ayant connu l'amour avec l'Américain doit être sacrifiée au volcan, ce qu'elle accepte pour sauver la vie de son compagnon. Une fête païenne, curieusement qualifiée de Carnaval, est plutôt une bacchanale orgiastique qui célèbre l'union des corps amoureux, mais le tabou implacable s'avère être la face cachée du paganisme. Les amants demi-nus sont attachés et presque crucifiés, Johnny se souvient alors qu'il est chrétien (il récite le Notre Père), et s'il échappe au tabou païen et à la mort, il se soumet *volens nolens* au tabou hollywoodien de la *miscegenation* ou croisement des « races » humaines. Selon un procédé fréquent dans le western comme dans le film d'aventures polynésiennes, le héros et le spectateur « caucasiens » (blancs) assouvissent leur désir, mais la mort tragique ou accidentelle de l'héroïne permet le maintien symbolique du tabou (ce schéma se retrouve jusque dans *Nuit de noces* : Manya parmi les Polonais, c'est aussi Luana parmi les Polynésiens). Un compagnon du marin rappelle d'ailleurs l'impossibilité du métissage en citant Kipling (« *Oh, East is East, and West is West…* »). Ce qui frappe encore est la manière dont Luana (Dolores del Río) agrège en elle les exotismes les plus divers : Polynésienne, elle porte un diadème de plumes qui fait aussi d'elle une princesse aztèque, renvoyant le personnage à l'identité originelle de son interprète.

Belle sauvage, Mexique, tabou du métissage, Carnaval aux accents stridents d'une musique elle aussi « indienne » (celle de *L'Oiseau de paradis* est de Max Steiner), danse exotique pleine de sensualité : autant d'éléments que l'on retrouvera, portés à leur paroxysme, dans une autre production Selznick, *Duel au soleil*.

Un péplum biblique

Dernier film hollywoodien de Vidor, *Salomon et la reine de Saba* (1959) appartient au cycle du péplum ou épopée biblique, dominé par les grandes productions de DeMille, auxquelles *Salomon* renvoie triplement, par son titre (au-delà de la filiation immédiate de *David and Bathsheba* de Henry King [1951], *Solomon and Sheba* fait écho à *Samson and Delilah*), par ses situations (Pharaon essayant de dominer Israël, comme dans *Les Dix Commandements*) et par la présence des acteurs George Sanders (qui reprend un rôle comparable à celui qu'il jouait dans *Samson*) et surtout Yul Brynner, qui change ici de camp puisqu'il est le roi Salomon après avoir été le pharaon Ramsès dans *Les Dix Commandements*. Les allusions au récent (second) conflit israélo-arabe, celui de 1956, sont assez claires. Vidor ne déroge pas à la tradition, notamment demillienne, en décrivant un conflit qui oppose d'abord la « vraie » religion monothéiste, qui fonde la liberté de l'homme, voire la démocratie, aux idoles et aux faux dieux du paganisme polythéiste, qui a partie liée avec les tyrans.

Le film souffre d'une réputation exécrable, même parmi les admirateurs de Vidor, Marcorelles étant un des rares à exprimer son enthousiasme (« L'homme au fouet », *Cahiers du cinéma* n° 104, février 1960); Robert Lang note cependant avec raison que « même s'il ne s'agit pas d'un très bon film, il s'agit d'un film très vidorien ». Le tournage accidenté, en Espagne, explique pour une large part l'insatisfaction qu'a suscitée le film. Tyrone Power, qui jouait le rôle de Salomon, meurt d'une crise cardiaque; en l'absence de gros plans, les scènes qu'il a tournées sont inutilisables, et United Artists décide de reprendre le tournage avec Yul Brynner dans le rôle principal. Celui-ci infléchit l'interprétation de Salomon, qu'il juge trop introspective, et lui substitue sa propre caractérisation, plus impérieuse. Pour Vidor, l'interprétation de Brynner manque de profondeur et affecte l'intégrité du film. On peut souscrire aux réserves de Vidor tout en s'interrogeant sur l'adéquation de Tyrone Power, star vieillissante, au rôle du jeune Salomon.

Le scénario puise dans les sources bibliques (surtout le premier livre des Rois) qu'il remixe et étoffe et dont il bouleverse la chronologie. Pour l'essentiel, il mêle la rivalité entre Salomon et son demi-frère Adonias pour la succession de David à la tête d'Israël au thème beaucoup plus familier de la reine de Saba et de la visite qu'elle rend à Salomon. Adonias est présenté comme un soldat alors que Salomon est non seulement le poète et le sage de la tradition, mais aussi un roi qui cherche la paix avec l'Égypte et qui transforme le désert en paradis (claire allusion à l'État d'Israël). Interprétée par Gina Lollobrigida (dans les péplums des années cinquante, il n'est pas rare que les objets du désir masculin / américain soient des actrices italiennes), la reine de Saba en a le tempérament de feu, sex appeal et tendances colériques, tout en incarnant une sorte de variante avant la lettre du personnage de Cléopâtre : alliée des Égyptiens, elle n'en poursuit pas moins ses propres desseins, et pense duper ceux-ci aussi bien que Salomon.

Exemple d'amalgame auquel procède Vidor, c'est par amour pour la reine de Saba et pour elle que Salomon est censé avoir écrit le « Cantique des cantiques ». Le triangle amoureux qui s'établit ici reproduit à l'évidence celui d'*Hallelujah* : à la douce et pieuse (et un peu fade) Missy Rose correspond précisément Abishag (Marisa Pavan), la fiancée juive de Salomon, qui lui reste fidèle et prie pour lui jusqu'à trouver la mort dans l'effondrement du temple, tandis que la reine de Saba est, à l'instar de Chick, une séductrice qui veut convaincre Salomon de sacrifier aux idoles, en particulier à Ragon, le dieu d'amour des Sabéens (c'est une bizarrerie : on attendrait plutôt une déesse de la fécondité comme Astarté /Ishtar, à laquelle sacrifia effectivement Salomon). Ragon préside à une vaste scène orgiaque qui rappelle celle de *L'Oiseau de paradis* ainsi que l'adoration du veau d'or, dans *Les Dix Commandements*.

À partir de là, les récits d'*Hallelujah* et de *Salomon* diffèrent nettement. Tandis qu'Adonias trahit Salomon en s'alliant aux Égyptiens, la reine au contraire, prise à son propre piège, tombe amoureuse de Salomon et répète le geste d'Abishag en priant le Dieu d'Israël pour le salut de celui dont elle porte l'enfant (on voit le syncrétisme : la reine est à la fois Cléopâtre portant l'enfant de César, et la reine « Makeda » dont la descendance issue de son union avec Salomon régnera sur l'Éthiopie). Lapidée sur l'ordre de l'usurpateur Adonias, elle meurt : à deux reprises, deux femmes ont intercédé auprès de Dieu par amour pour Salomon et sont mortes pour lui. Mais sa prière à elle est entendue : la cavalerie de Pharaon, très supérieure en nombre, est victime du stratagème de Salomon, dont les soldats éblouissent les Égyptiens grâce à leurs boucliers qui réfléchissent le soleil levant, et sa charge brisée s'engloutit dans un ravin, dans des images qui rappellent fortement celles de la mer Rouge noyant les chars de Pharaon dans *Les Dix Commandements*. Convaincu par la conversion de la reine, le prophète Nathan, qui invectivait contre l'impiété de Salomon, reconnaît en lui le roi légitime d'Israël. La reine morte bénéficie d'une guérison miraculeuse au contact de l'arche d'alliance. Les amants se séparent, la reine retournant à Saba où elle instaurera le culte du

Dieu d'Israël et où lui succédera un roi – le fils qu'elle a eu avec Salomon.

DUEL AU SOLEIL : VIDOR OU SELZNICK ?

On a déjà fait allusion au cas complexe que représente la genèse de *Duel au soleil* (1946). Selznick, producteur indépendant au pedigree prestigieux, était connu pour son interventionnisme et pour les innombrables « mémos » longuement argumentés dont il bombardait ses metteurs en scène et tous ses collaborateurs. En outre, il est là dans la dernière phase de sa carrière, pendant laquelle il s'évertue en vain à réitérer le succès sans égal qu'il a connu avec *Autant en emporte le vent* (1939), et il suit de très près la carrière de la jeune Jennifer Jones, qui vient de divorcer d'avec Robert Walker et qu'il va bientôt épouser (il est encore marié avec Irene Mayer, mais vit ouvertement avec l'actrice) : c'est pour elle qu'il écrit le scénario de *Duel au soleil*, d'après le roman de Niven Busch, après qu'un premier scénario de Busch lui-même a été rejeté par la censure.

Lorsqu'il avait produit *Autant en emporte le vent*, puis *Rebecca* (premier film américain de Hitchcock), Selznick s'était fait le défenseur sourcilleux de la fidélité de ces adaptations, estimant non sans raison que le public souhaitait retrouver sur l'écran l'équivalent de ce qu'il avait lu dans le roman, et que les procédés caractéristiques du récit romanesque (par exemple le fait que nous ne connaissons pas le prénom de la narratrice de *Rebecca*) peuvent et doivent être conservés dans la version filmée. Il est vrai qu'il s'agissait de best-sellers, qu'il était hasardeux de modifier. Dans le cas présent, Selznick a inventé de toutes pièces tant l'ouverture spectaculaire du récit (la danse indienne de la mère de Pearl dans le saloon) que le célèbre finale opératique et tragique du film (Pearl et Lewt s'entretuant au pied de la falaise anthropomorphe). Le roman de Busch fait bien de Pearl la meurtrière de Lewt, le « mauvais » frère qui l'a séduite quand elle était très jeune (Gregory Peck dans le film), mais cela permet à Pearl de convoler en justes noces avec Jesse, le « bon » frère, celui qu'interprète Joseph Cotten dans le film.

   Duel au soleil est en effet, entre autres, un mélodrame, structuré par l'opposition manichéenne des deux frères McCanles, entre lesquels balance le personnage clivé de Pearl Chavez (Jennifer Jones). La jeune métisse est littéralement partagée entre son héritage paternel, qui la rend sensible aux qualités honorables de Jesse, et celui de sa mère indienne, sensuel, sauvage et masochiste, qui la pousse dans les bras de Lewt. Le *topos* mélodramatique des frères ennemis est beaucoup plus exacerbé qu'il ne le sera dans *Salomon*, où Adonias dispute Abishag à Salomon, pour deux raisons : le fait que Pearl, enjeu de la rivalité amoureuse des deux frères, est ici au cœur de l'intrigue et incarnée par Jennifer Jones ; la séduction incontestablement plus forte qu'exerce le « mauvais » frère, Gregory Peck, chevelure aile de corbeau, bandana rouge et sourire carnassier, face à la blondeur fade et quelque peu sentencieuse de Joseph Cotten. Sur ce dernier point, Vidor s'est opposé à Selznick, lui reprochant de noircir le personnage de Lewt, pensant que cela aliénerait la sympathie du public ; il avait tort, comme il le reconnaît ; en l'occurrence, Selznick était meilleur juge de la sensibilité de Pearl Chavez – et du public.

   Pearl est une enfant sauvage : en tant qu'enfant, innocente et victime du machisme de Lewt ; en tant que sauvage à demi-indienne, impossible à éduquer, à transformer en « beauté sudiste » (*Southern belle*) sur le modèle de Mrs. McCanles (Lillian Gish) lorsqu'elle était jeune – et victime du moralisme de Jesse. Lewt, dans une scène qui annonce celles comparables du *Rebelle* et de *Ruby Gentry*, force la jeune femme à demi consentante ; Jesse, pointilleux et choqué, se détourne d'elle. Il y a chez Pearl un masochisme « actif » (donc vital, même s'il est aussi suicidaire) qui contraste avec le masochisme « passif » de Jesse.

Une fois de plus, l'ethnicité est désignée comme une tentation sensuelle et sexuelle à laquelle il est difficile, voire impossible, de résister, mais qui est lourde de dangers, pour la tentatrice comme pour ceux qu'elle séduit. La double danse de la séquence inaugurale le montre bien : celle de Mrs. Chavez (la Viennoise Tilly Losch, qui avait interprété une danseuse Ouled Naïd dans la production de Selznick *Le Jardin d'Allah* [1936]) met en transe les nombreux clients du saloon, tandis qu'à l'extérieur Pearl reproduit les gestes de sa mère et se fait remarquer par un passant amateur. L'aristocratique Scott Chavez, incarné par l'acteur anglais Herbert Marshall, a déchu en épousant une Indienne volage (mais son nom laisse penser qu'il est lui-même le fruit d'un métissage) ; en la tuant, il pense sauver son honneur et réclame le châtiment qu'il mérite, tout en rejoignant la galerie des personnages masochistes de Vidor (on remarque à nouveau qu'au-delà des apparences, Pearl tient de son père autant que de sa mère indienne). Le stigmate qui s'attache au métissage vient d'une longue tradition américaine, pas seulement hollywoodienne, sans doute liée au tabou de la *miscegenation* (croisement entre races humaines) et à la conscience refoulée que ce tabou n'a cessé d'être enfreint là même où il est censé être le plus strictement observé, c'est-à-dire dans le Sud (rappelons que *Duel au soleil* se déroule au Texas). Ce personnage stéréotypé est celui qu'on désigne en américain comme *the tragic mulatto*, le mulâtre (ou la mulâtresse) tragique. Dans un film explicitement raciste comme *La Naissance d'une nation* de D.W. Griffith (1915), si les Noirs sont montrés sous un jour caricatural, le plus odieux des personnages, envieux et lubrique, est un métis, Silas Lynch. Parmi les personnages féminins, on distingue au moins deux types : la métisse dont la peau est si claire qu'elle peut « passer pour » blanche, mais qui risque les pires ennuis si sa « véritable » identité est révélée (dans le roman de Robert Penn Warren, *L'Esclave libre*, elle est vendue comme esclave à la mort de son père ; dans celui de Fannie Hurst *Imitation of Life*, elle se fait stériliser pour éviter tout risque de « découverte » en cas d'enfant à la peau plus foncée) ; et la *high yellow* [ou *yaller*] *girl*, la « chabine dorée » ainsi qu'on l'appelle aux Antilles, la plus prisée pour servir de maîtresse aux Blancs comme aux Noirs, comme telle détestée par la majorité de la communauté noire qui voit en elle, en quelque sorte, une ennemie de classe ou de « race » : Chick, dans *Hallelujah*, est désignée et dénoncée comme telle par la famille de Zeke (cet ostracisme se retrouve jusque dans *Jungle Fever* de Spike Lee), tandis que le critique Harry Alan Potamkin voit dans le personnage un exemple de l'incapacité d'Hollywood à montrer des Noirs vraiment noirs : « pour ma part, je serai convaincu de la sincérité du Blanc lorsqu'il me donnera un nègre bleu » (*Close Up*, août 1929).

Le personnage de Pearl constitue la variante « indienne » de ce second type. La ressemblance entre Pearl et Chick est soulignée par la scène quasi parodique qui montre un prédicateur qui selon toute apparence est aussi un obsédé sexuel (Walter Huston) procéder à une sorte d'exorcisme de Pearl. À la « créature du diable », hâtivement vêtue d'une couverture indienne qui a plutôt pour effet de souligner la nudité de l'actrice, il donne une médaille pieuse qui, curieusement, reproduit un motif égyptien[1]. La scène parut si « limite » aux censeurs qu'on ajouta, dans le prologue parlé du film, l'avertissement que le personnage du *Sin-killer* ou « tueur de péchés » interprété par Huston est un faux prophète et ne doit pas être compris comme visant l'ensemble de la profession. Quant à la médaille, qui n'est sans doute qu'une breloque maçonnique, Maurizia Natali l'a astucieusement rapprochée d'autres éléments « égyptiens » du paysage westernien, comme le rocher anthropomorphe de la Squaw's Head ou Tête d'Indienne qui est lié au personnage de Pearl et qui, ayant quelque chose d'une sphinge, confirme s'il en était besoin le caractère hybride – mi-humain mi-animal – de la « sauvageonne »[2].

Revenons une dernière fois à la question de l'« auteur » de *Duel au soleil*. On sait avec précision quel métrage de la version princeps (avant quelques coupes effectuées pour la version d'exploitation) a été tourné par les divers réalisateurs auxquels Selznick a fait appel : moins de la moitié par Vidor, une partie substantielle par Dieterle ainsi que par Otto Brower, responsable de la « seconde équipe » sous l'autorité de Vidor, très peu par Sternberg. Ces proportions ne prennent pas en compte ce qui avait été

1. Dans le roman de Busch, il s'agit d'une médaille catholique que le pasteur a prise à un Mexicain (qu'il a tué ?) ; nul doute qu'il ait fallu changer de médaille pour ne pas ajouter au scandale de la liaison ostensible entre Selznick et Jennifer Jones, lancée par son rôle-titre dans *Le Chant de Bernadette* [Soubirous].

2. *L'Image-paysage. Iconologie et cinéma*, Saint-Denis, Presses Universitaires de Vincennes, 1996.

tourné par Vidor avant les changements que Selznick apportait quotidiennement au scénario, et qui a pu être « refait » (par Dieterle, par exemple) plus ou moins à l'identique. Comme l'observent Coursodon et Tavernier, l'ouverture dans le saloon, dont nous savons qu'elle a été tournée par Dieterle, ressemble à s'y méprendre à du Sternberg, notamment au décor central de la maison de jeu dans *The Shanghai Gesture*. Nous avons noté que dans la même séquence, la musique indienne signée par Dimitri Tiomkin ressemble à celle de Max Steiner pour *L'Oiseau de paradis* : formules hollywoodiennes. Plusieurs plans (de silhouettes se découpant à contrejour) pastichent *Autant en emporte le vent*, il est donc tentant d'en attribuer la responsabilité à William Cameron Menzies, *production designer* responsable de l'« aspect visuel » de *Gone with the Wind* et lui aussi engagé par Selznick (mais non crédité) sur *Duel au soleil* (Durgnat attribue ce type de plan à Selznick lui-même).

On a un peu de peine à croire Vidor lorsqu'il assure qu'à l'origine, il s'agissait de réaliser un western de taille moyenne avec une distribution d'inconnus, mais il semble que ce soit vrai, et que l'implication personnelle de Selznick dans le projet ait été graduelle. L'écrin destiné à mettre en valeur la beauté sensuelle et la personnalité instinctive de Jennifer Jones s'est peu à peu transformé en superproduction plus dispendieuse qu'*Autant en emporte le vent*, avec une distribution *all-star* (trois stars contemporaines, trois stars du passé : Lillian Gish, qui reprend sa « scène de lit de mort » de *La Bohème*, Lionel Barrymore, Charles Bickford, plus les apparitions de Herbert Marshall, de Walter Huston et de quelques autres dont Butterfly McQueen, autre rappel d'*Autant en emporte le vent*). Préfigurant le mode de sortie des blockbusters d'aujourd'hui, le film fit l'objet, après sa

présentation en exclusivité (décembre 1946), d'une sortie
massive dans trois cents cinémas (mai 1947). Dans sa
version prestige, aujourd'hui restaurée et disponible en
dvd, le film est d'abord introduit par un « prélude » musical
dans lequel se déploie le thème, épique puis lyrique, de
Tiomkin ; vient ensuite (l'écran étant toujours noir) une
« ouverture » parlée, qui évoque la longue durée du tournage
et la localisation texane (cette ouverture est très proche
des cartons qu'on voit au début de *The Texas Rangers* et
joue manifestement sur l'identification Texas = Vidor) et
contient l'avertissement signalé sur le *Sin-killer*. Alors
seulement apparaissent les premières images, celles du
générique, mais à celui-ci succède un nouveau prologue
– visuel, cette fois – accompagné par un commentaire dit
par Orson Welles, dans un style un peu archaïque et ampoulé
qui rappelle celui de la narratrice qui introduit *Rebecca*.
Même jeu à la fin du film : après la mention THE END,
l'écran devient noir, suit un épilogue musical (et, selon le
catalogue de l'American Film Institute, un nouveau
commentaire audio).

Pour conclure : le mode de présentation, fastueux et
ostentatoire, la tendance à l'emphase et au gigantisme,
portent incontestablement la marque de Selznick. Pour
autant, nous ne souscrivons pas au jugement négatif de
Michael Powell dans ses mémoires et de Coursodon et
Tavernier en 1991 : le film proprement dit, s'il abonde en
scènes spectaculaires comme celle du rassemblement des
centaines de cow-boys du clan McCanles (tournée par Otto
Brower, comme Vidor l'explique à Nancy Dowd), reste
en son cœur un film de Vidor, qui se concentre sur le
mélodrame des frères ennemis et sur le personnage clivé
de Pearl Chavez. Inventé par Selznick, tourné par Vidor
et agrémenté de quelques plans signés par Sternberg, le

finale atteint à une sorte de poésie sublime qui justifie le rapprochement fréquent de Vidor avec Victor Hugo (et – ajoutait Henri Agel – avec Agrippa d'Aubigné [1]). Le raptus vidorien habite et justifie l'emphase selznickienne de ce finale. Les critiques qu'il a suscitées nous sembleraient devoir s'appliquer plutôt au pastiche qu'Oliver Stone en a réalisé dans *U-Turn* (1997), avec une autre Jennifer – Lopez – dans le rôle de la métisse, et Sean Penn dans celui de Gregory Peck.

Sa patience lassée par les ingérences et les repentirs incessants de Selznick, Vidor quitta le tournage mais exigea d'être seul crédité au générique comme *director*. Les indications dont nous disposons sur la réaction de Selznick à cette demande sont contradictoires. La Guilde des réalisateurs arbitra en faveur de Vidor.

MODÉRATION ET RAPTUS : *RUBY GENTRY*

À la réflexion sinon d'emblée, *Ruby Gentry* (1952) apparaît proche de ce que Vidor avait envisagé pour *Duel au soleil* avant l'inflation selznickienne : une œuvre plus intimiste que spectaculaire, mais caractérisée par la « furie du désir » (titre français du film) et par de violents conflits, qui substituent cette fois le marqueur social à celui de l'ethnicité. Mais cette dernière différence est mince car nous retrouvons Jennifer Jones dans le rôle principal, avec la même charge érotique, et si elle n'est plus métisse, elle porte l'empreinte indélébile de son appartenance d'origine à un milieu plébéien, rural *et viril* qui lui interdit doublement de s'intégrer à la « bonne société », de devenir une « beauté sudiste » (*Southern belle*). Affaire de classe, mais aussi de

1. *Les Grands Cinéastes que je propose*, 7 e Art, Paris, Les Éditions du Cerf, 1967.

rôle sexuel, car Ruby, comme Laura Mulvey l'avait noté à propos de Pearl, est certes objet (et sujet) du désir, mais aussi un garçon manqué, qui porte des blue-jeans et manie le fusil, une habituée de la compagnie virile des chasseurs et buveurs de whisky rustique. Divers détails attestent la ressemblance entre les deux personnages, à commencer par le nom précieux de Ruby (« rubis ») qui succède à celui de Pearl (« perle »), tandis que le titre *Ruby Gentry* – nom de l'héroïne mariée – désigne à la fois son aspiration à la forme de dignité sociale ou *gentility* que représente la *gentry* ou petite noblesse, et l'impossibilité de satisfaire cette aspiration (curieusement, dans certaines copies du film, le titre est simplement *Ruby*).

Comme Pearl à Lewt, Ruby est liée à Boake Tackman (Charlton Heston) par une passion physique intense et exclusive, à la fois possessive et masochiste (nouvelle scène de « viol » plus ou moins provoqué et/ou consenti, après celles de *Duel* et du *Rebelle*). Dans *Ruby* comme dans *Duel*, la violence de l'amoureuse qui se défend la fait traiter de « lynx » (*bobcat*) par son amant. Reprenant un rôle comparable à celui de Laura Belle (Lillian Gish) dans *Duel*, Letitia Gentry, dont la langueur maladive désigne l'appartenance à l'aristocratie fin de race du Sud (la Caroline du Nord se substituant ici au Texas), s'efforce de façonner Ruby à son image de *lady*. Délaissée par Boake, entrepreneur ambitieux qui épouse une riche héritière gantée, Ruby se marie avec Gentry devenu veuf (Karl Malden), comme Pearl, rejetée par Lewt, avait accepté la demande en mariage de Sam Pierce (Charles Bickford). En vain : la société sudiste est implacable, et si elle a accepté Gentry en raison de sa fortune et de sa première union, celui-ci ne se fait pas d'illusions et déclare à Ruby : « nous sommes [tous deux] des bâtards », soulignant ainsi implicitement l'équivalence et l'interchangeabilité du marqueur social et du marqueur ethnique qui paraissait absent du récit.

En un sens, Ruby appartient bien à une autre « race » que l'aristocratie du Sud, la race du *white trash* qui habite le marécage et ne vaut guère mieux, pour ces sudistes pétris de préjugés raciaux, que les descendants d'esclaves (tout à fait absents du film). Nul paternalisme ici, mais un amour profond de Vidor pour son héroïne, et peut-être une forme d'autocritique de la part de ce Texan assumant ses origines, mais parfois excédé qu'on le réduise à celles-ci en lui proposant des sujets texans (un film sur Sam Houston, le fondateur de l'État du Texas, dans la foulée de *The Texas Rangers*) conformément à la pratique hollywoodienne consistant à vouer non seulement les acteurs, mais aussi les cinéastes, à des « emplois types » (*typecasting the director*). Il n'est pas indifférent que le rôle du narrateur, lui-même amoureux de Ruby, soit confié au « Dr. Saul Manfred », observateur concerné mais extérieur à la communauté de Braddock puisqu'il vient du Nord et que son nom laisse supposer qu'il est d'origine juive.

Cet amour pour un personnage complexe, tour à tour ou simultanément amoureuse, femme enfant, amoureuse méprisée et vindicative, femme d'affaires implacable, est en évidence dans l'ensemble du film, dans le lyrisme avec lequel Jennifer Jones est photographiée par Russell Harlan, dans la musique d'harmonica, langoureuse et mélancolique, qui l'accompagne. Le caractère intime du récit (Durgnat parle de *Kammerspiel*) n'exclut pas plusieurs scènes spectaculaires, telle la course exaltante des amants en bordure de mer, dans une automobile qui semble devenir amphibie, justifiant l'observation de Moullet et Delahaye selon laquelle chez Vidor les navires franchissent les montagnes (*Le Grand Passage*) tandis que les automobiles fendent les flots [1]. Cette séquence a été imitée par Godard dans *Pierrot le Fou*. Et bien sûr la séquence (presque) finale du marécage, qui fait pendant au finale de *Duel au soleil* tout en contrastant radicalement avec lui, car aux rochers texans arides et écrasés de lumière succède un clair-obscur humide et luxuriant. Le marécage si souvent dépeint par Vidor est au cœur de *Ruby Gentry*, dont il est la « grande métaphore » (Robert Lang).

La scène intervient immédiatement après le viol de Ruby par Boake. Les amants ennemis sont dans le marécage plein d'oiseaux moqueurs. Boake se montre brutal avec Ruby, il tente de l'étrangler comme Zeke a étranglé Hot Shot dans *Hallelujah*. Alors intervient un personnage jusqu'ici relativement mineur : il s'agit de Jewel (littéralement « Joyau »), le frère et (comme l'a bien vu Durgnat) le double maléfique de Ruby, fanatique religieux et imprécateur, d'abord invisible, mais qu'on entend tirer des coups de feu et lancer des malédictions bibliques. Soudain Jewel apparaît, juché dans un arbre, et tue Boake en s'écriant : « le salaire du péché est la mort [2] ». Ruby tue son frère qui tombe de l'arbre, et elle pousse du pied le cadavre de Jewel dans le marécage. Elle prend le corps sans vie de Boake dans ses bras et le berce tendrement. On entend le « thème de Ruby », leitmotiv du film, repris à l'harmonica. Suit un bref épilogue qui nous ramène au début du récit et au narrateur qui évoque sobrement le départ de Ruby sur son bateau, appareillant vers la mort.

Pour John Baxter, cette séquence du marécage est la plus belle de l'œuvre de Vidor. Elle rappelle et développe

---

1. Entretien avec King Vidor, *Cahiers du Cinéma* n° 136, octobre 1962.

2. Épître aux Romains, 6, 23.

celle déjà très remarquée d'*Hallelujah*, avec un couple d'amants (Chick et Hot Shot) traqués par un troisième personnage (Zeke), la jalousie de Zeke se nourrissant de l'exaltation religieuse pour se muer en pulsion homicide, et surtout peut-être l'orchestration des sons naturels du marais et des chants d'oiseaux pour créer une atmosphère mystérieuse et menaçante.

Si le marécage est dans l'imaginaire américain en général un lieu privilégié, aux associations diverses et contradictoires, il est clair que chez Vidor il revêt rarement le caractère de beauté fascinante qu'on lui voit dans *Louisiana Story* de Flaherty ou dans *La Forêt interdite* de Nicholas Ray. La scène de *Duel au soleil* où l'on aperçoit, avec Lewt, Pearl se baigner nue dans un marais a certes quelque chose de pastoral, mais rien du grand décor des marécages d'*Hallelujah* et surtout de *Ruby Gentry*. Dans ce dernier film, le marécage est un « avant-monde » primitif[1], associé à une classe sociale vitale mais méprisée, à l'activité virile de la chasse, à la famille Corey, plus particulièrement à Ruby, elle aussi vitale et sensuelle, objet du désir de Boake, mais aussi de son mépris de classe. Boake qui veut assécher le marais au nom du progrès (comme Jesse voulait ouvrir le ranch McCanles au chemin de fer) a le sentiment d'une régression universelle dont Ruby serait la cause : « Le monde entier se transforme en marécage puant ».

En 1924 déjà, Vidor situait l'action de *Wild Oranges* (V.F. : *Capricciosa*) dans un marécage au fond d'une anse de Géorgie, lieu coupé du monde, où cohabitent étrangement une femme-enfant, son grand-père et une sorte de Caliban

---

1. Philippe Demonsablon, « La conjuration », *Cahiers du Cinéma* n° 33, mars 1954.

plus grotesque que monstrueux, qui plante la fille sur un pieu et lui soutire des baisers sous la menace de la livrer aux crocodiles. Comme lorsqu'il montre les chutes du Niagara dans *La Foule*, Vidor recourt ici à une iconographie traditionnelle, celle du marécage comme un jardin d'Éden primitif et maléfique, un *Dark Eden*, selon le mot de David Miller, particulièrement associé, dès le XIXᵉ siècle, au Sud des États-Unis, notamment la Virginie et son « lugubre marécage [1] ».

Mais le marécage est susceptible de surgir en pleine Nouvelle-Angleterre : dans *Le Grand Passage*, sa traversée constitue une des épreuves que subissent les Rangers, invitant curieusement à rapprocher leur épopée barbare du *Voyage du Pèlerin* de Bunyan, dont le héros chemine jusqu'à la Cité céleste en franchissant divers obstacles, dont celui du *Marais de Mélancolie*. Dans son excellent conte « Le Diable et Tom Walker », Washington Irving associe le marécage à la sauvagerie et à l'Homme Noir des Puritains, c'est-à-dire le Diable. L'auteur longtemps célèbre de « Rip Van Winkle » et de « La Légende de Sleepy Hollow » y situe l'action vers 1727, donc à l'époque coloniale, dans une forêt marécageuse par laquelle se termine un bras de mer de la baie Charles, près de Boston. C'est là que les Indiens rendaient un culte à l'Homme Noir avant d'être exterminés par les « sauvages blancs ». C'est là que des notables de la colonie vendent leur âme au Noir Bûcheron, qui grave leurs noms sur des arbres qu'il abat et brûle ensuite, causant ainsi leur mort et leur damnation. C'est lui encore qui incite les Puritains à persécuter les Quakers et les Anabaptistes.

---

1. *Dark Eden*, Cambridge University Press, 1989.

Il n'y a certes rien de surnaturel dans le marécage du *Grand Passage*, mais l'allusion d'Irving au massacre des Indiens est une coïncidence curieuse, et la silhouette de l'Homme Noir peut se deviner dans l'ensauvagement, jusqu'au cannibalisme, qui fait des Rangers des « sauvages blancs ». Elle se dessine plus nettement dans les marécages mortifères d'*Hallelujah* et de *Ruby Gentry*, et tout particulièrement dans ce dernier film, avec le personnage de Jewel, justicier fanatique nourri de la Bible et « âme damnée » de Ruby.

CHAPITRE VI

LA TENTATION DE L'AUTOPORTRAIT

Ce n'est pas le moindre paradoxe de King Vidor que d'avoir cherché, tout au long de sa carrière, les conditions de sa réception comme créateur, et comme cinéaste personnel. Emblématique du classicisme hollywoodien, Vidor a traversé l'ensemble des grands genres du cinéma, passant d'un studio à l'autre au fil des rebondissements économiques ou des opportunités, son parcours l'a conduit de la comédie au mélodrame, du western au film social ou au péplum. Les souvenirs de Vidor ne manquent pas d'anecdotes sur les occasions, les hasards parfois, qui l'ont conduit à intervenir sur un tournage en cours, voire à réaliser un scénario en quête de réalisateur au tout dernier moment [1]. Une telle polyvalence laisse difficilement envisager l'œuvre de Vidor comme l'expression d'un projet personnel, voire d'une intériorité. Pourtant, il y a une spécificité de Vidor, plus nettement caractérisable, plus singulière, que celle de Victor Fleming ou Rouben

---

1. À propos de sa collaboration avec Selznick, Vidor déclare : « il m'envoya toutes ses notes pour *Autant en emporte le vent*. J'ai dirigé ça pendant un week-end. Je suis revenu le lundi et j'ai appris que Gable avait demandé Fleming. Ils ont retiré Fleming du *Magicien d'Oz* et j'ai pris en charge les derniers jours de tournage de ce film » (N. Dowd, *Interview* cit., p. 226).

Mamoulian, cinéastes que leur carrière et leur longévité rend comparables à Vidor. Dans un article de 1960, Jean Douchet écrit à propos d'Abel Gance : « Il s'apparente à deux autres cinéastes : Dovjenko en Russie et Vidor en Amérique. Ce sont avant tout des visionnaires lyriques. Supprimez-leur la possibilité de s'exprimer selon leur tempérament et tout s'écroule [1] ». Curieuse qualité invoquée ici, que celle du « tempérament », qui ne renvoie ni à une esthétique, ni à un style particuliers, mais que l'on pourrait définir comme une manière personnelle d'aborder le récit. De fait, l'œuvre de Vidor, à travers l'association de l'épique et du lyrisme que l'on peut trouver dans *Le Grand Passage* comme dans *Romance américaine*, *La Foule* ou *Notre pain quotidien*, reflète le « tempérament » de son créateur.

Pourtant, Vidor lui-même revendique pour son œuvre une dimension personnelle plus importante, plus déterminante, et surtout plus large, invoquant « les films qu'une seule main a dirigés dans ses multiples composantes [2] ». Le cinéaste affirme même que « seule la puissance de l'expression individuelle peut continuer à justifier le cinéma ». Autrement dit, le film devrait, dans toutes ses dimensions, manifester la vision de son créateur. De telles affirmations expriment bien sûr un positionnement de Vidor, qui se définit ici comme auteur, au sens de la politique des auteurs. Mais il faut également lire cette conception de l'expression personnelle de manière plus concrète, affirmée directement dans les films.

La diversité de l'œuvre et des circonstances de sa création interdit de concevoir le cinéma de Vidor comme

---

1. « Austerlitz », *Arts* n° 780, 28 juin-4 juillet 1960, repris dans J. Douchet, *Le Goût de la beauté*, Cahiers du cinéma, 2003, p. 48-50.
2. *La Grande Parade*, p. 210.

autobiographique. Cependant, par bien des aspects, Vidor livre, à travers ses films, un autoportrait dynamique, qui évolue au fil du temps, mais dont la démarche demeure l'une des constantes du travail du cinéaste.

PORTRAIT DU CRÉATEUR EN HOMME D'ACTION

C'est essentiellement à travers l'image des protagonistes de ses films que l'on peut percevoir cet autoportrait dynamique, et évolutif. La profession des personnages masculins est révélatrice. On remarque des architectes, comme Howard Roark, des chefs de groupe ou d'exploitation agricole (*L'Homme qui n'a pas d'étoile, Notre pain quotidien*), des contremaîtres devenus chefs d'entreprise (*Romance américaine*), un metteur en scène (*Show People*), un médecin des pauvres (*La Citadelle*). Peu d'artistes, certes, à l'exception de l'écrivain Tony Barrett (Gary Cooper) dans *Nuit de noces* (1935), mais des protagonistes que leur profession conduit le plus souvent à un jeu d'allers retours entre l'individu et le groupe. Il ne s'agit pas seulement, comme on a pu le voir dans *La Foule*, de mettre l'accent sur la capacité de l'individu à s'affirmer, ou à se distinguer parmi la multitude, mais l'enjeu porte plutôt sur la nature de la relation entre le moi et les autres.

Pour être exercées, ces professions nécessitent toutes en effet de combiner la conception et l'action, le travail intellectuel et solitaire et l'animation d'un groupe humain. L'exemple le plus frappant de cette relation dialectique est concentré dans la dernière séquence de *Notre pain quotidien*. John Sims y coordonne et cadence les opérations de creusement du canal d'irrigation, organisant une sorte de ballet mécanique. Les hommes se relaient, se succèdent le long du chantier à intervalles réguliers, les coups de pioche viennent creuser le sol sur un rythme régulier que le bruit des pas, légèrement décalé, souligne. Une rythmique obsédante, inlassablement répétée, règle à la fois le son et l'image du film, produisant un effet particulièrement puissant. La troupe a mille bras, mille jambes, se mue en être protéiforme, tandis que la cohésion du groupe transcende l'impuissance de l'individu. John Sims devient alors, aux yeux du spectateur, le démiurge, l'organisateur de ce miracle, incarnant à lui seul le mouvement qui conduit de la conception à la réalisation, passant de l'abstrait au concret en prenant à bras le corps la matière même du monde.

Au fil de son autobiographie, Vidor évoque son amour de la technique, du faire, son sens de la réalisation concrète des idées qui déclenchent sa carrière de cinéaste : filmer un ouragan, un défilé, fabriquer un objectif, inventer un dispositif particulier pour filmer l'immeuble des assurances dans *La Foule*. Il n'y a pas, dans l'approche esthétique de Vidor, de réflexion abstraite, mais une propension à penser en actes. On pense à Robert Rogers, dans *Le Grand Passage*, qui trouve le moyen de faire traverser la montagne aux canots et, en organisant ses hommes comme une rangée d'arbres, de faire en quelque sorte passer la rivière aux forêts. Il s'agit, dans le cas extrême de ce film, d'aller avec ses compagnons contre la nature, de forcer même les corps à se plier à la volonté et aux projets des hommes[1]. Cette conception du héros implique la mise en avant de son génie personnel, mais celui-ci n'est rien sans la capacité des

---

1. L'enjeu principal du film, comme le montre Durgnat (R. Durgnat et S. Simmon, *King Vidor, American, op. cit.*, p. 190 *sq.*), tient à la question de la différence entre sauvagerie et civilisation ; néanmoins, la capacité de Rogers à inverser littéralement l'ordre naturel grâce à son sens de l'ingénierie et son aptitude à convaincre éclaire particulièrement ce portrait de l'artiste en homme d'action qui sous-tend l'œuvre de Vidor.

autres à l'accompagner, à lui permettre de traduire littéralement par des objets, des réalisations, les idées qui le traversent. En ce sens, l'homme d'action, chez Vidor, c'est l'homme qui fait accomplir. Il n'est pas très difficile de voir dans cette conception une sorte de portrait du cinéaste en ingénieur et en chef d'équipe. Dans ce registre, Vidor a souligné également, au sujet du *Rebelle*, les similitudes entre la profession d'architecte et celle de cinéaste [1], entre la conception et l'action, mais aussi entre la création solitaire et la dépendance du client ou du commanditaire dont le soutien financier conditionne l'émergence effective de l'œuvre.

Le problème posé par la dépendance économique n'est en effet jamais vraiment absent de ces portraits vidoriens d'hommes dont l'action peut se trouver bridée, empêchée, voire anéantie faute de moyens. Ainsi, dans *La Citadelle*, le docteur Manson ne parvient pas à améliorer efficacement la santé des mineurs en modifiant leurs conditions d'hygiène. La séquence de la comparution du médecin devant le comité médical, susceptible de décider de la poursuite de sa carrière, annonce le procès d'Howard Roark après le dynamitage des immeubles Courtland. Pour tous ces personnages, l'œuvre personnelle prend naissance au sein d'un tissage de relations, avec le monde et avec les autres, dans un jeu complexe de contraintes et de libertés. À David Shepard, Vidor déclare : « Je pense que la perfection que l'on peut atteindre dans un film commercial est plus intéressante. Il faut composer avec beaucoup de gens, et quantité d'esprits qui peuvent s'opposer au projet, mais,

---

1. N. Dowd, *Interview* cit., p. 230 : « Je pense que faire des films a beaucoup à voir avec l'architecture, raconter une histoire et bien la construire ».

d'un autre côté, je n'ai jamais eu affaire à beaucoup d'interférences pendant le tournage. Je dois dire que les films commerciaux où je me suis exprimé personnellement ont été les plus satisfaisants[1] ».

Autrement dit, les projets de commande, qui auraient pu sembler le plus loin de lui, s'en révélaient le plus souvent très proches. L'existence créatrice est un combat, une dialectique permanente du désir et de l'accomplissement, où le rêve d'action, au fil de la carrière de Vidor, laisse de plus en plus souvent place au sentiment d'échec.

UN COMBAT INTÉRIEUR

Comme l'a montré Michael Henry[2], si l'on peut voir se dessiner, en filigrane de l'œuvre de Vidor, un portrait de l'artiste, celui-ci n'est en aucun cas figé. L'échec commercial de *Romance américaine* marque un tournant, où se modifient à la fois les centres d'intérêt de Vidor et sa conception du personnage. L'œuvre de Vidor se fait introspective, voire métaphysique, s'intéressant plus aux souffrances et aux contradictions internes de l'homme d'action qu'à ses prouesses techniques. Howard Roark, le héros du *Rebelle*, peut être lu comme le signe même de ce retournement. Revoyant le film avec Nancy Dowd à la fin des années soixante-dix, Vidor déclare : « C'était comme si mes préoccupations et la quête que j'avais menée étaient demeurés un secret absolu, comme s'ils avaient brusquement surgi pour me conduire à faire ces films, qui étaient exactement en phase avec mes réflexions[3] ». À la fin de la carrière de Vidor, deux personnages viennent synthétiser

1. N. Dowd, *Interview* cit., p. 285.
2. « L'acier, le blé et la dynamite », *Positif* n°163.
3. N. Dowd, *Interview* cit., p. 228.

cet autoportrait diffracté dans les récits précédents, il s'agit de Pierre Bézoukhov, interprété dans *Guerre et paix* par Henry Fonda, et de Salomon, personnage qui, à la suite de la mort de Tyrone Power, échut, en plein tournage de *Salomon et la reine de Saba*, à Yul Brynner[1]. Ces deux films, qui ont, un peu par défaut, conclu la carrière de Vidor, entremêlent, dans leurs récits, intrigue amoureuse et histoire politique. Dominés par des figures de pouvoir historiques, Napoléon, Koutouzov, le roi Salomon, ils mettent tous deux l'accent sur les enjeux personnels plus que sur les questions politiques. Curieusement, les deux interprètes ont, dans une mesure différente, déçu Vidor, qui leur reproche ne pas être parvenus à rendre perceptibles les interrogations et les contradictions des personnages. Une insatisfaction qui tient essentiellement à la proximité ressentie par Vidor avec ces deux figures cinématographiques.

L'adaptation de *Guerre et paix* tournée par Vidor ne relève pas d'un projet personnel mais d'une commande de Dino De Laurentiis, début 1955, à laquelle il répond sans réfléchir, tant « depuis que je l'avais lu, tout autre ouvrage de fiction souffrait de la comparaison[2] ». Par-delà la séduction exercée par l'exotisme d'un premier tournage en Italie, les moyens de tourner de spectaculaires batailles qui le ramènent à *La Grande Parade*, voire au geste inaugural du défilé de Galveston, c'est avec la dimension initiatique du récit que Vidor ressent une proximité particulière. Pour son ouvrage *On Film Making*, Vidor livre plusieurs schémas, qui ont guidé son adaptation du

---

1. Sur les circonstances du décès de Power et l'arrivée de Yul Brynner sur le plateau, voir *La Grande Parade*, *op. cit.*, p. 233 *sq.*

2. *Ibid.*, p. 227.

roman[1]. On y voit nettement apparaître le choix essentiel de Vidor : faire du personnage de Natacha le cœur battant, l'*anima* du film, selon l'expression jungienne qu'emploie le cinéaste. Natacha, point de rencontre de tous les personnages, au cœur de tous les conflits, est également le personnage qui se transforme le plus, passant de l'enthousiasme à l'expérience, de la naïveté à la gravité, au fil des rencontres, des erreurs, des souffrances[2]. Dans le second schéma narratif proposé par Vidor, apparaissent en tête les deux figures qui dominent le film même lorsqu'ils ne sont pas à l'écran : Napoléon et Koutouzov. Dans *Guerre et paix*, l'autoportrait en mouvement est diffracté sur tous les personnages, au point que l'on peut considérer que le réalisateur trouve son double en Natacha. Pierre Bézoukhov cependant, en perpétuelle recherche d'amour, mais aussi de sens, trahi par sa femme, renié par son père, initié sans conviction, attiré par l'action sans y croire vraiment, ennemi de la guerre mais finalement attiré par elle, Pierre est le personnage que Vidor considère comme le plus proche de lui. Le cinéaste reconnaît d'ailleurs la parenté entre Pierre Bézoukhov et quelques-uns des principaux personnages masculins qui ont émaillé son œuvre, évoquant le caractère initiatique de leur parcours[3]. Vidor avoue s'identifier tellement à cette trajectoire qu'il aurait préféré un acteur qui témoigne d'une ressemblance physique avec lui. « En Pierre, donc, écrit le cinéaste, je reconnus un "frère" et je voulais prendre Peter Ustinov qui me semblait animé de

1. Schémas reproduits dans *Positif* n° 161, septembre 1974, p. 7 et p. 8.
2. Voir J.-L. Bourget, « L'œuvre ultime : *Guerre et paix* », dans *King Vidor, Odyssée des inconnus*, p. 165-170.
3. K. Vidor, *La Grande Parade*, op. cit., p. 231.

cette vie intérieure que je recherchais. [1] » Pierre se révèle par contraste avec les protagonistes masculins du film. Nicolas Rostov personnifie une jeunesse entreprenante et enthousiaste, qui avance sans s'arrêter aux éventuels dommages ; à l'inverse, le prince André, mélancolique, réfléchi, image d'un sérieux intransigeant et triste, joue les parfaits soldats. Homme de devoir, il incarne une forme d'action sacrificielle qui ne peut manquer de séduire Natacha jusqu'au vertige. La conversation entre André et Pierre, à la veille de la bataille de Borodino, révèle l'ambivalence du héros vidorien. Ni l'un ni l'autre ne conserve d'illusion sur l'issue possible de la bataille, sur l'utilité de l'engagement, mais André met fin assez brutalement au débat pour rejoindre ses hommes. Pierre semble bien différent. Pendant toute la première partie du film, il agit comme un témoin engagé ; réceptacle des confessions de Natacha, embarrassé par sa bâtardise et son amour pour Hélène, il sera à Borodino comme Fabrice à Waterloo.

C'est après la bataille que Pierre se métamorphose en homme d'action. Il décide de tuer Napoléon, d'accomplir un geste solitaire, héroïque, désespéré. Pourtant, alors que, dans le Kremlin abandonné, Pierre se trouve quasiment seul face à l'empereur, il ne se résout pas à tirer et se retrouve prisonnier des Français. Curieuse manière d'être un héros. Presque aussi étrange que celle de Koutouzov, le général russe, qui passe tout le film à ignorer les pressions du pouvoir et les injonctions de son état-major, à refuser d'agir tout en annonçant la victoire. C'est bien lui qui est vainqueur, finalement, et le film célèbre ce triomphe dans une séquence d'anthologie typiquement vidorienne, c'est-à-dire à la fois épique et puissamment lyrique. La séquence,

1. *Ibid.*

très courte, est quasiment tournée dans le noir ; tandis que retentit la musique sacrée d'un chœur qui semble ne résonner que pour lui, le général, comme transporté, se jette aux pieds de l'icône qui brille comme l'unique point lumineux de la pièce. La déflagration de la victoire, c'est d'abord, pour Koutouzov, un tremblement intime.

De l'action à la réflexion, de la créativité exprimée à l'intériorité, c'est le mouvement qui anime les personnages miroirs de Vidor. Dans cette optique, le choix d'Henry Fonda, incarnation cinématographique de Lincoln et « icône du transcendantalisme [1] », n'a rien d'aberrant. La déception de Vidor semble moins liée à la prestation de l'acteur qu'à la projection personnelle du réalisateur qui voit en Pierre l'image vivante de ses propres questionnements.

Tout se passe même comme si, progressivement, Vidor ne cherchait plus à filmer que l'impalpable évolution d'un personnage, à creuser son intériorité. Ce mouvement de recentrement du conflit teinte très fortement *Salomon et la reine de Saba*. Le film s'inscrit dans une tradition du péplum biblique, qui connaît un regain de prospérité au cours des années cinquante. Crise des sujets au sortir du maccarthysme ? Nécessité de concurrencer la télévision ? Les réalisateurs hollywoodiens historiques adoptent des sujets « antiques », tournés généralement en Europe. Il était donc naturel que Vidor répondît, à son tour, à cette commande. Il le fait cependant « à sa manière » et cette anecdote, inspirée du chapitre 10 du premier livre des Rois, offre au cinéaste l'occasion d'orchestrer l'une de ces relations exceptionnelles entre deux êtres exceptionnels dont son œuvre est familière, du *Rebelle* à *La Furie du désir*. L'amour interdit entre les deux souverains se

---

1. « L'œuvre ultime : *Guerre et paix* », *op. cit.*, p. 167.

complique de la rivalité entre Salomon et Adonias, le quatrième fils de David, qui finit, dans le texte biblique, par faire sécession. Le personnage de Salomon est pris dans une série de conflits intimes et politiques. On voit ici se combiner, pour caractériser le personnage, tous les éléments spécifiques au héros vidorien : l'action et le doute, l'emprise sur le monde et la tentation du détachement. Il est intéressant de constater, dans cette perspective, que la déception suscitée chez Vidor par l'interprétation de Yul Brynner porte justement sur le refus de l'acteur, selon le réalisateur, d'entrer dans cette ambivalence. Vidor reproche à Brynner d'être arrivé sur le tournage fort de ses précédents rôles de souverain, autoritaire et sûr de lui. Tout le film tend en effet à effacer la dimension de puissance en mettant en avant le conflit moral qui déchire les personnages. À ce titre, la séquence de miracle, passage obligé du péplum biblique, est subvertie par Vidor. Alors qu'il doit combattre, quasiment seul aux portes de Jérusalem, les forces coalisées de son frère Adonias et de Pharaon, Salomon incite ses soldats à employer leur veillée d'armes à polir le plus possible leurs boucliers. Le lendemain, quand la multitude des troupes ennemies attaque, les colonnes, aveuglées par l'éclat des boucliers, se précipitent dans un ravin au cours d'une séquence particulièrement spectaculaire. Raymond Durgnat, qui caractérise le film comme « l'Ancien Testament selon le transcendantalisme [1] », note judicieusement que ce miracle relève plus de l'ingéniosité humaine que de l'intervention divine. Par ailleurs, il rapproche Salomon de Napoléon, qui, à Austerlitz, a su éblouir ses ennemis pour optimiser les avantages que lui donnait la géographie du champ de bataille. De plus, cette séquence ne constitue

---

1. R. Durgnat et S. Simmon, *King Vidor, American*, *op. cit.*, p. 309.

pas vraiment le centre de gravité du film. La relation entre Salomon et Saba occupe à n'en pas douter le premier plan. Même pour cette histoire d'amour passionnelle, les séquences les plus riches ne sont pas celles où les deux amants se trouvent réunis. Les moments du film les plus importants, les plus forts, sont consacrés aux protagonistes lorsqu'ils sont séparés. L'histoire d'amour des deux souverains est montée, et comme vécue, en parallèle. Chacun d'eux se trouve d'ailleurs renvoyé à sa solitude, à son devoir, mais également à ses doutes, au moment du dénouement. On peut voir là une initiation des personnages, une mise à l'épreuve de leur capacité à exercer leur pouvoir, mais également un mouvement qui conduit de la séduction à la réflexion, et privilégie progressivement la relation à soi. C'est la trajectoire intérieure des deux personnages qui construit l'architecture du film, et guide le déroulement de l'action.

Dans ce trajet des personnages se lit en filigrane l'autoportrait d'un Vidor homme d'action qui n'agit pas, chef d'équipe progressivement privé d'équipe. Il n'est, dans ces conditions, pas très étonnant que la carrière de Vidor, qui s'éteint comme par abandon, sans qu'il y ait de décision ou de choix exprimé, laisse place à un film comme *Truth and Illusion* (1964), où le cinéaste tente de saisir l'abstraction, de rendre visible une interrogation purement métaphysique. En ce sens, la figure de Vidor tournant seul avec sa caméra 16mm n'est pas bien différente de celle d'Howard Roark, architecte empêché dont une partie de la carrière se résume à quelques dessins barrés de la mention *Unbuilt*, mais qui n'en demeure pas moins architecte, même quand il travaille comme tailleur de pierres. Rien n'empêche l'artiste de demeurer artiste, dans un monde personnel où la création n'a pas besoin d'être tangible, matérialisée, pour exister néanmoins. Sans doute faut-il voir dans cette propension de Vidor, croissante au fil de sa carrière, à construire des personnages dont l'univers intérieur déborde sur le monde, capables, en quelque sorte, de le façonner à leur image, l'origine des géants tourmentés qui peuplent son univers.

BIBLIOGRAPHIE

Ouvrages de King Vidor

VIDOR (King), *A Tree Is a Tree : An Autobiography*, Hollywood, Samuel French, 1953, 1981, trad. fr., *La Grande Parade : Autobiographie*, 1 re éd., Jean-Claude Lattès, 1981, Ramsay, 1985.

King Vidor on Film Making, New York, David McKay, 1972.

King Vidor Interviewed by Nancy Dowd and David Shepard, Metuchen (New Jersey), The Directors Guild of America and The Scarecrow Press, 1988.

Ouvrages sur King Vidor

BAXTER (John), *King Vidor*, Monarch Film Studies, New York, Simon & Schuster, 1976.

DENTON (Clive), *King Vidor*, The Hollywood Professionals, vol. 5, Londres, The Tantivy Press, et New York, A.S. Barnes, 1976.

DURGNAT (Raymond) et SIMMON (Scott), *King Vidor, American*, Berkeley, University of California Press, 1988.

LANG (Robert), *Le Mélodrame américain : Griffith, Vidor, Minnelli* [1989], L'Harmattan, 2008.

MOULLET (Luc), *Le Rebelle de King Vidor. Les arêtes vives*, Crisnée (Belgique), Yellow Now, 2009.

LECOMTE (Jean-Marie) et MENEGALDO (Gilles) (dir.), *King Vidor, Odyssée des inconnus*, Condé-sur-Noireau, CinémAction-Éditions Corlet, 2014.

Numéros spéciaux de revues

La Revue du cinéma n° 11, juin 1930.
Cahiers du Cinéma n° 136, octobre 1962.
The Film Journal, été 1971.
Positif n° 161, septembre 1974, et n° 163, novembre 1974.
Cinéma 012, automne 2006.

Chapitres d'ouvrages, articles

WILLIAMS (Linda), « Autre chose qu'une mère : *Stella Dallas* et le mélodrame maternel » [1984], dans N. Burch (dir.), *Revoir Hollywood : La nouvelle critique anglo-américaine*, Nathan, 1993.

GALLAGHER (Tag), « Hollywood, inventaire critique (1) », *Trafic* n° 14, printemps 1995.

ZAMOUR (Françoise), « L'omniprésence de l'architecture chez King Vidor », *CinémAction* n° 75, Architecture, décor et cinéma, 2ᵉ trimestre 1995.

CAVELL (Stanley), « Le goût de Stella : une lecture de *Stella Dallas* » [1996], dans Cavell, *La Protestation des larmes. Le mélodrame de la femme inconnue*, Capricci, 2012.

BURCH (Noël), « Fulgurances de King Vidor », dans N. Burch, *De la beauté des latrines. Pour réhabiliter le sens au cinéma et ailleurs*, Paris, L'Harmattan, 2007.

GALLAGHER (Tag), « King Vidor et la peinture », *Ligeia : Dossiers sur l'art*, Peinture et cinéma, n° 77-78-79-80, juillet-décembre 2007.

Achevé d'imprimer par Corlet Numérique - 14110 Condé-sur-Noireau
N° d'Imprimeur : 125272 - Dépôt légal : janvier 2016 - *Imprimé en France*